xueer

学而书坊 —— 学而时习之 不亦说乎

学而书坊
xueer

深度学习视角下的
小学数学课堂教学实践

周静珠 著

宁波出版社

图书在版编目（CIP）数据

因用而学：深度学习视角下的小学数学课堂教学实践 / 周静珠著 . — 宁波：宁波出版社，2022.5
　ISBN 978-7-5526-4549-1

Ⅰ . ①因… Ⅱ . ①周… Ⅲ . ①小学数学课—课堂教学—教学研究 Ⅳ . ① G623.502

中国版本图书馆 CIP 数据核字（2022）第 057953 号

因用而学：深度学习视角下的小学数学课堂教学实践

YINYONG ERXUE　SHENDU XUEXI SHIJIAOXIA DE XIAOXUE SHUXUE KETANG JIAOXUE SHIJIAN

作　　　者	周静珠
出版发行	宁波出版社
地址邮编	宁波市甬江大道 1 号宁波书城 8 号楼 6 楼　　315040
责任编辑	邵晶晶　陈　静
责任校对	黄　彬
内文排版	金字斋
印　　　刷	宁波白云印刷有限公司
开　　　本	787 毫米 ×1092 毫米　1/16
印　　　张	15
字　　　数	245 千
版　　　次	2022 年 5 月第 1 版
印　　　次	2022 年 5 月第 1 次印刷
标准书号	ISBN 978-7-5526-4549-1
定　　　价	46.00 元

如发现缺页或倒装，影响阅读，请与出版社联系调换　电话：0574-87248279

▷ 序　一

因用而学　学用相长

周静珠老师是幸运的，因为她成了《小学数学教师》2022 年第 1 期的封面人物。这是教坛对她所取得的教学成就的一种无声的赞美。同时，期刊登出了一组专题文章：一篇《小学数学"因用而学"的内涵解析与实践策略》和两篇"因用而学"的思考与实践的案例，编辑部还特别配发了《因用而学　为学而教》的导引文章。我想这是编辑部同志对这位一线教师，经由深入思考、理性分析，加之亲身实践，提出"用""学"理念与适切性实施策略的充分肯定与最好褒奖。

是的，这组专题文章就是周静珠老师即将出版的厚厚一摞书稿——《因用而学：深度学习视角下的小学数学课堂教学实践》的一个结晶，一个侧面反映。

我为周静珠老师提出"因用而学"的教学理念点赞。这不仅需要有洞见，更需要有勇气。所谓有洞见，是因为"学"与"用"其实远超出数学范畴，是一个富有哲学意味的命题。我国自古以来就有"学以致用"的优良传统。有人说，"学习"一词本来就含有应用的意思，"学"是接受知识，"习"是实习，是应用知识，"学"与"用"是不可分的。宋代大学者朱熹说："为学之实，固在践履。苟徒知而不行，诚与不学无异。"其大意是：学习的目的在于实践，如果只是知道而不去做，那么学与不学就没有什么区别了。因为"学以致用"作为成语深入人心，使用十分广泛，久而久之，人们对"学""用"有着惯性理解和传统认识。周静珠老师洞见到这样的理解与认识存在误区。误区之一，"学""用"有先后之分。传统的认识往往认为"学"在前，而"用"在后，"学"决定着"用"，把"学"和"用"割裂成两个阶段。误区之二，"用"是工具而非目的。学习的主要对象是知识，知识的运用则是工具、手段，服务于知识的掌握；认为知识内在地优于实践，学习接受内在地优先于实践应用。所谓有勇气，是因为这个命题哲学意味太浓厚，讨论和表述起来非常不容易，会有"剪不断理还乱"的可能。但这并没有影响到周静珠老师在小学数学教育中来探讨这一命题。相反，她认为只要对这一命题的探讨和实践有价值，就不必躲躲闪闪、裹足不前。一线教师也不妨大胆呈现自己的想法，提炼出自己的教学主张、教学理念，并在这种教学理念指导下展开生动的课堂实践。有实验性，正是吸引一线教师不懈奋斗与探索的最有魅力的一点，也正是教师探寻教学真理过程中的价值所在。

三年前，讨论要不要将这个命题的探讨与实践立项成为研究课题时，大家的意见是不一致的。其原因大致有三：一是故弄玄虚，容易纠缠在"用""学"关系的泥沼里，难以提炼出教学主张与理念；二是乱花迷眼，其实，在小学数学教学中，对于"用"的解释涉及的层面更多，因此难以搭建出理论框架、找到研究路径；三是东拼西凑，容易造成理论探讨与课堂实践"两张皮"的现象，难以收集到足够、丰富且适切的支撑材料，并在逻辑上站住脚。

近日，当阅读完这本记录着她三年研究实践历程与积淀而写就的专著原稿，作为当初坚定的支持者，我感到由衷的欣喜。

书稿不但厘清了"用"与"学"的关系，而且旗帜鲜明地提出了"因用而学"的教学理念。她扬长避短，建立实践取向的教学认识，调整"用""学"关系的先后次序，得到"用"在教学中的三层意义——"用"不仅是结果，还可以是过程与方法，更是目的与价值追求。在教学实践中，教师应建立以"用"为目标的教学整体思维，统领整个教学阶段。最终，逐步实现"用""学"有机整合，达到"用""学"一致。

本书不但搭建了"因用而学"的理论框架，而且多维度、多视角地探索出将理论落地的实施策略。理论架构上，本书将"因用而学"教学理念指向知识的探索、推理、应用和创造，把"用"与"学"的有机整合贯穿于数学教学的始终："为用而学"是目标系统，"在用中学"指向过程，而学习的结果就是"学而用之"。在此理论架构的指引下，本书又从四个维度——教学设计、教学策略、学习活动指导、学习评价进行了有益的探索、梳理和概括。例如，在《"因用而学"理念下的教学策略》一章中，她概括出四条策略：两条内化策略，分别是数学模型的抽象策略、数学探索活动的建构策略；两条外化策略，分别是数学错误资源的挖掘策略、数学实践应用的创造策略。这种梳理与概括，很好地在理论探索与课堂实践间架起一座桥梁，让广大一线教师深入浅出地领略、把握周静珠老师的"因用而学"理念，并找到实施的具体路径和方法。

本书不但提供了十个通俗易懂且完整的创新设计案例，而且都充分体现了"因用而学"的教学理念。

本书中的案例特点非常鲜明，都是从"用"的视角出发，经历从"用"到"学"再到"用"的过程，把"用"贯穿于"学"的全过程，深入数学学科的本质和知识内核，从而形成对知识的深度认识、深度理解、深度体验，促进知识学习和实践能力的双向发展。案例还从四个维度分类提供，分别是单元整体的典型案例、课时视角的创新案例、问题导向的教学拓展案例、项目学习的典型案例。这样分类翔实的优秀案例既是教学设计、教学策略等单元论述的具体化，更是"因用而学"教学理念的落脚点、支撑点，十分便于一线教师理解、借鉴，从而有效指导日常教学活动。

行文至此，搁笔掩卷，叩问遐思。

记得石中英教授写过一篇文章叫"教育者不要再痴迷于制造标签化的'教育特色'"，他感觉到当下有一个不争的事实，即教育概念满天飞。他认为初衷是好的，但如果一味强调特色、差别，非得在理念、名称上弄出与别人不同的东西，方才能显出自己在教育教学方面的独特性、创新性和价值性，那就走向了反面。

周静珠老师提出"因用而学"的教学理念，也是在为自己贴一张"标签"吗？我想答案是否定的，原因主要有两条。

一是提出"因用而学"的教学理念，不仅十分必要，还具有鲜明的时代育人导向价值。

我们处于一个信息化时代，技术不断更新、迭代，从 4G 到 5G，AI 技术、人工智能等被大量应用于我们的生活和生产。知识的价值以及学习的目标已经发生了根本性变化。知识作为最重要的资源可以被共享，可以倍增，可以被"无限制地"创造。学习也不再以交流和获得知识作为终极目标，围绕知识进行的表达、交流和应用成为教学的一个起点。通过学习，学生产生好奇心，激发学习兴趣，建立解决问题的意识，促进内在生长，最终实现核心素养的发展。由此，中国的基础教育已迈入核心素养的新时代。从知识本位的教学转向素养本位的教学必须确立新型的教学观，而教学观的重建又成为深化教学改革的先导。"因用而学"教学理念的提出就是从时代大背景下来思考教育问题，针砭时弊，通过加深对教学目的、过程和结果乃至教学本质的理解来改进原有教学，促进学生更好地学习，培养和发展学生的核心素养。

二是提出"因用而学"的教学理念，就教育教学内在规律的探索上也显示出独特性、创新性。

应该说"学以致用"这个理念，不论是在传统教育观念，还是在现代教育价值观上，都被广泛认可。它既是学的结果，也是学的追求。它强调的是学习了的知识（结果）要实现能够在实际中运用的程度。

虽然"做中学"这个理念是美国教育家杜威先生在20世纪60年代针对"听中学"提出来的，但这也是当下所倡导的一种学习方式。不妨说它是"用中学"。它强调在动手操作中学习知识，发展实际问题的解决能力。它解决了学习过程的问题。

"学以致用"和"用中学"解决了学习中的结果（后端）和过程（中端）的问题，且留出了目的（前端）和意识（贯通全过程）。从这个角度看，"因用而学"是"用中学"和"学以致用"基础上的进一步思考。"用中学"是学的过程，"学以致用"是学的结果，"因用而学"则是目的和意识，这样就建构起以"用"为目标的全过程的教学认识，贯通了目的、过程和结果，解决了学习过程中的动力源泉和学习效果的检验标尺等问题。这种教学理念的重建，就教育教学内在规律的探索上也显示出独特性和创新性，对于推动课堂教学关系的深度调整和人才培养模式的重大变革一定有所裨益。对于新时代的中国教育学人进行大教育学建构，进行更全面、深入的探讨时，有了一线教师的实践观照，便为形成独特的教育学中国话语提供了实践案例。

至于有人质疑"因用而学"的教学理念存在偏颇和歧义，原因是春秋时期庄子说过"人皆知有用之用，而莫知无用之用也"，遂引申出"无用之用，方是大用"。此处不做展开，留给广大读者争鸣。

总之，周静珠老师提出"因用而学"的教学理念，并在课堂教学中予以充分实践,有着很强的现实性、探索性和指导性。教学中试着做好因用而学,以用促学,用学相长,或许你的课堂会更上一层楼。

如果我们再做一下拓展性的思考,从"学以致用""以用促学"到"因用而学",不正是周静珠老师专业成长的真实写照吗?

周静珠老师是幸运的。作为宁波师范首届五年制大专优秀毕业生,她被招聘到宁波市实验小学工作。在沈丹丹特级教师和宁波市教研员邱惠芬老师的指导下,她很快进入了规范化发展。"纸上得来终觉浅,绝知此事要躬行。""学以致用"是她这个阶段展开教学的朴素想法。她一边进修了"数学与应用数学"专业的本科学历,一边又把自己在师范里学到的教育教学知识与师傅们传授的教学方法应用到日常的课堂教学,迅速地站稳了讲台。她还于2002年下半年在宁波市执教了"稍复杂的分数应用题"一课,获得了好评。当然,那个阶段的她,更多地思考怎样教,怎样把师傅们的想法转化为课堂的实践。

从会教书到追求教好书,是教师专业成长的一道坎。周静珠老师幸运地考到了金莹特级教师的门下,之后,又加入了我的工作室。我们通过种种途径与手段点燃、激发她的专业发展动力,在一次次把她推上前台进行课堂展示、观点报告时,让她深切感到"书到用时方恨少,事非经过不知难"的境地。"以用促学"是她那个阶段的发展特点。为了把课上得更有味道,为了把报告做得更加精彩,她不断地学习、思考和实践,为此,她积累了丰富的教学经验,收获了教学自信。记得在"浙派名师经典课堂艺术展"上,她执教"立体图形的总复习"一课。如何把这些知识点用一条无形的线串联起来,形成一个知识网络,是这节课的最大难点。于是在教学设计中,她想到了用一张A4纸来创造立体图形,而后找出这些立体图形的共同点,让学生自然而然地把所学的有关图形的认识、表面积、体积的相关知识进行系统整理,成为各自独特的数学认知。这节课给与会代表留下了深刻印象,原来复习课还可以这样上。虽然这时候的她已被评为宁波市名师,但她的专业成长还处在外部推动与个人内在需要相结合的阶段,还没有完全实现从自发到自觉的内在超越。

周国平先生在《朝圣的心路》中说:"我不想知道你有什么,只想知道你在寻找什么,你就是你所寻找的东西。"

随着教学实践的不断深入,"学习的本质是什么?""学生为何而学?"这两个问题不断冲击着她,引领她持续思考,从而开展了"因用而学"的教学实践研究。通过理论学习、实践反思、专家指点,她重新认识了"用"与"学"的关系,把学生的"用"作为目的、过程、结果贯穿始终。2021年,在浙江省项目化学习研讨活动上,她展示了"自行车速度里的奥秘"一课。该课的学习活动基于教材,但又不拘泥于教材,围绕师生共同感兴趣的话题"自行车的哪些设计与速度有关",提炼出研究的四个子问题,逐一进行探究,在解决实际问题的同时又得到数学的解释与模型。整个过程中,学生在"用"的意识引领下,在用中学,用学融合。学生学得有目的、有动力、有兴趣、有实效,这是一节促进学生综合素养发展的有代表性的好课。更重要的是,与会专家和同行充分认可这是一节践行她自己"因用而学"教学理念的好课。通这个阶段的研究探索,她实现了专业自主的内在超越,走向了专业自觉,达到了专业发展的新高度。

教师在成长中试着做好学以致用,以用促学,因用而学,用学相长,或许会让自己的专业发展达到新的境界。

浙江省万里教育集团总裁、正高级研究员、特级教师　林良富

于壬寅元宵节

▷ 序 二

从"学而用"到"用而学"

数学是人类对事物的抽象结构与模式进行严格描述的一种通用手段,是现代科学技术的重要基础。达·芬奇认为"数学是一切科学的基础",可以应用于现实世界的任何问题。正是因为如此重要,数学被认为是义务教育阶段最重要的学科之一。同时也是因为它的高度抽象性,数学常常被认为是一门"难学"的课程。一代代数学教育者对数学教学倾注了心血,但直到目前,学习数学仍然让很多孩子深感困难。

数学作为一门高度抽象的学科,对于处于以形象思维为主的小学生是有很大难度的,从各种自然现象中抽象出数并建立数的概念是非常不容易的,比如3个人和3座山为什么都是"3"？成年人觉得天经地义的数量关系在孩子头脑中是一片空白。只有充分结合现实的生活场景,一点点帮助学生理解数学的抽象过程,才可能使学生真正理解和掌握数学。在现实的数学教学中,很多学生记住了数和数之间的关系、计算的方法,但关于数的概念,并没有很好地建立起来,导致记住的东西难以运用。

我们通常理解的"学"更多是知识的输入,通过记忆概念和建立概念之间的联系并用于思维。数学学习要在学生头脑中建构起原来不存在的抽象数学概念,这本身就十分困难,建立概念之间的联系更需要相应纽带。我们日常的数学教学更倾向于从讲授概念入手,通过各种举例帮助学生建立数学概念、掌握数学运算法则,期待学生将这样的概念和运算法则直接应用于实践并解决现实问题。这种"先学后用"的教学方法,确实能够大大提高教学效率,在众多知识的学习方法中是十分有效的。但在数学教学中我们会发现，与我们的美好愿望相反，小学生貌似能理解概念，对数学计算题对答如流，但面对应用情景的时候经常不知所措，会做题不会应用是一个普遍现象。

近年来，国际 PISA 测验对我国数学教学带来很大冲击，我国小学生数学运算能力比较突出，但数学应用能力，即应用数学解决现实问题的能力，只能说差强人意，这也从侧面反映出我们数学教学的问题。宁波市海曙区海曙中心小学很早就注意到了这样的问题，周静珠老师和她的同事们在多年实践总结的基础上，尝试把从学到用的逻辑调整为学用结合，围绕"用"组织"学"，在实践中取得了突出成效，总结了自己的一套数学教学方法，这一尝试是十分有益的。

他们重新理解和界定"学"与"用"的关系，主张学用统一、学用结合，概括了"因用而学"的数学教学三原则，即"为用而学""在用中学""学而用之"；明确数学学习的最终目的是"用"，即"为用而学"，数学教学要始终围绕"用"的根本目的展开；认为数学的教学过程应该是与"用"紧密结合的过程，教师结合应用和实践教，学生结合生活应用学，尽可能在真实的生活化情景里组织教学。学生学过的数学知识必须回归到生活，坚持"学而用之"，通过作业、实践等形式，把课上学到的数学在课后的应用中变成实践的数学、生活化的数学。

"因用而学"的数学教学探索已经形成相对完整的体系，尤其在教学设计、教学策略、课堂形态和学习评价方面形成了比较完整的操作方法，总结了初步的经验，积累了大量的课例，具备了一定的迁移借鉴的实践价值。作为一线的小学骨干教师，在承担繁重的教育教学任务的同时，能够做出如此系统深入的探索实属不易，我对周老师及其团队的努力深表敬意。这也是海曙中心小学长期注重教研、注重教师专业发展的集中体现。

我曾经多次到海曙中心小学，对该校教师的教研有比较全面的了解。这是一所创新的学校，是一个学习型组织。在本书成稿的过程中，我与周老师进行了多次研讨，也常常惊讶于这样一位一线骨干教师的教研精神和热情。

从严格意义上讲，这本书稿仍然不够成熟，只是初步的探索，但整个书稿呈现了原汁原味的真实教学，有着与专业理论研究者完全不同的风格，更好地体现了一线教师的情怀与思考。相信这本书稿的出版,能够为千千万万关心小学数学教学的老师们提供借鉴,也能够很好地鼓励一线教师成为真正的研究者。这样的研究必将大大推动中国小学数学教育的发展,从这样的意义上看,这是一件值得大大鼓励的好事情。

华东师范大学教授、博士生导师

2022 年 3 月 26 日

目 录
CONTENTS

第一章 "因用而学"教学观的概述 / 001

第一节 "因用而学"教学观的提出背景 / 004

第二节 "因用而学"教学观的界定与理论定位 / 014

第三节 "因用而学"教学观的实践路径 / 028

第二章 "因用而学"理念下的小学数学教学设计 / 035

第一节 单元整体的教学设计 / 037

第二节 课时视角下的教学设计 / 045

第三节 以问题为导向的教学设计 / 050

第四节 由项目驱动的教学设计 / 057

第三章 "因用而学"理念下的小学数学教学策略 / 063

第一节 数学模型的抽象策略 / 065

第二节 数学探究活动的建构策略 / 071

第三节 数学错误资源的挖掘策略 / 077

第四节 数学实践应用的创造策略 / 082

第四章 "因用而学"理念下的小学数学学习活动指导 / 087

  第一节 研学观察型学习活动指导要点 / 090
  第二节 操作体验型学习活动指导要点 / 096
  第三节 游戏感悟型学习活动指导要点 / 102
  第四节 实践应用型学习活动指导要点 / 109

第五章 "因用而学"理念下的小学数学学习评价 / 115

  第一节 对目标达成的评价 / 118
  第二节 对过程经历的评价 / 127
  第三节 对运用能力的评价 / 131

第六章 小学数学创新教学案例设计 / 139

  案例1 "圆的认识"单元典型案例设计 / 141
  案例2 "有趣单位面积：r^2"单元典型案例设计 / 147
  案例3 "周长的认识"课时创新案例设计 / 152
  案例4 "植树问题"课时创新案例设计 / 160
  案例5 "图形的奥秘"拓展实践案例设计 / 167
  案例6 "比例的应用"拓展实践案例设计 / 176
  案例7 "营养午餐"项目学习案例设计 / 183
  案例8 "书籍版权页中的数学"项目学习案例设计 / 191
  案例9 "唐塔中的数学密码"项目学习案例设计 / 200
  案例10 "自行车速度里的奥秘"项目学习案例设计 / 210

后记 / 222

第一章

"因用而学"教学观的概述

在全面深化教育改革的大背景下,数学教育需要顺应新的教育需求,重新强调学科的价值,关注"要培养什么样的人",也就是关注学生的核心素养。同时,面对"双减"的现实背景,我们教师需要不断思考学校教育的内涵和创新路径。小学阶段是培养学生想问题和做事情的关键时期。为了适应社会的进步,小学阶段的数学教育应培养学生两方面的能力:当面临待解决的问题时,主动地从数学的角度,运用数学思想方法,寻求解决问题的策略;当接受新知识时,主动探索这一知识的应用价值。

这就需要我们教师站在深度学习的视角上去看待学习问题,着力去思考:什么样的学习内容更有价值——"让学生学什么";什么样的学习目标更有意义——"学生应学会什么";什么样的学习方式更有利于学习目标的实现——"怎么学";什么样的方式能更好地检验学习效果——"怎么评"。[1]从这四个维度去观察和思考当下的教学,不难发现只关注识记、复述知识的浅层学习大量存在着,学生学习片面化、浅表化、碎片化等问题突出。

针对这样的现象和问题,本章首先分析当前教学实践中存在的非深度学习问题,从核心素养发展的视角,从数学学习的价值取向,论述构建"因用而学"的教学观的必要性。其次,厘清"用""学"关系,提倡"用"为先。"用"是目的,也是过程与结果。再次,阐述"因用而学"教学观在数学学科的具体表现,分析"因用而学"的过程,探索"因用而学"教学观的实践路径。

---

(1) 刘月霞,郭华.深度学习:走向核心素养(理论普及读本)[M].北京:教育科学出版社,2018:005.

第一节 "因用而学"教学观的提出背景

进入21世纪,新一轮基础教育课程改革在全国蓬勃开展。经济全球化、社会日益信息化、文化渐趋多元化的今天,要求学校教育迅速做出应对,培养出适应社会发展的全新人才。而现实的小学数学教学陷入了困局,无法促进学生进行深度学习,这一现象亟待改变。因此,我们从核心素养发展的视角思辨数学课堂,从两个国际学生评价项目——PISA(Programme for International Student Assessment)和TIMSS(Trends in International Mathematics and Science Study),去探寻数学教育的价值追求,从而提出"因用而学"的教学观,更关注学生在复杂、真实的情境中解决问题的能力,即"用"的能力。

一、现实问题:教学实践中非深度学习问题

1. 以知识记忆为目标,"学""用"断层

长期以来,我国的教育以中考、高考成绩作为评价标准,并把这样的观念传导到小学教育,形成了以应试为目标、以知识为中心的教与学的模式。这种模式追求简单的知道、了解、明白,缺少真正的深层次的理解。数学教学中的解释、思辨、推理、验证、运用等活动被大量的做题训练所取代。学生以知识的掌握、熟练的技能为终极目标。这种以题代学的做法,严重阻碍了学生核心素养的发展。2020年宁波市海曙中心小学六年级数学质量调研中,一组生活应用的试题(如下),得分率为0.486,远远低于整份试卷的0.857。从知识点的角度分析,这些试题考查的是基本知识,但是学生并不能将生活问题转化成数学问题,并加以解决。可见,学生的学习方式出现了"学"与"用"的断层,学生不能将已学的知识应用于实践。因此,数学教学急需建立促进学生深度理解、深度建构知识的学习方式,学生"用"数学的能力亟待提升。

第一章 "因用而学"教学观的概述

生活应用（6分）

1. 一个小汽车轮胎表面的一部分被涂了油漆。下图表示当车辆移动一定的距离时,这个汽车轮胎所形成的印迹。那么这个轮胎的周长是（　　）厘米。

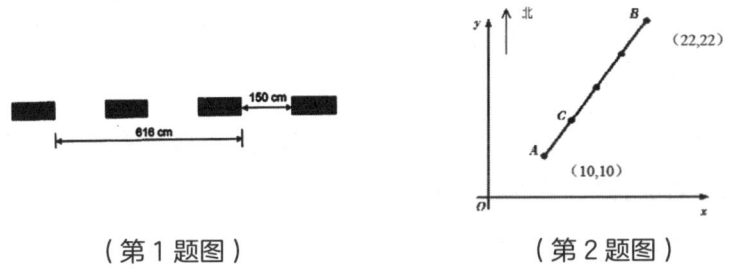

（第1题图）　　　　　　（第2题图）

2. 在上图中,A点是小明家所在的位置,可以用数对(10,10)表示；B点是小亮家所在的位置,可以用数对(22,22)表示。它们的直线距离是400米。AB线段上的点是等距离的。

（1）小亮家在小明家的（　偏　）（　度）400米处。

（2）C点所在位置可以用数对（　,　）表示。

（3）如果图中线段AC长1厘米,那么线段AC的图上距离与实际距离的比是（　:　）。

3. 咪表停车是大众市民停车的一种便捷方式。根据宁波市物价局、宁波市城市管理局、宁波市公安局等《关于进一步完善机动车停放服务收费政策的通知》（甬价费〔2014〕48号）文件规定,市区城市道路机动车停放服务收费标准为:一级区域治堵重点路段在7:30—19:30（日间）,2小时以内收取3元/20分钟,2小时以外收取4元/20分钟。天一广场地段属于一级区域治堵重点路段。星期天中午,小丁爸爸在天一广场附近的路段停车3小时40分钟,应支付（　　）元停车费。

学生解决实际问题需要经历三个数学过程:将实际问题转化为数学问题；应用数学知识解决数学问题；从实际情境出发,对得到的答案进行解释。从这个视角观察我们的教学,存在两个比较大的问题。

问题一：生活问题数学转化的缺少

将实际问题转化成数学问题，需要培养学生的数学眼光。学生用数学的眼光观察生活的现状，进行沟通、表征、转化，从而经历数学化的过程。从实际调研中可知，大部分学生对生活的观察还停留在表层，不能达到深层次的数学化。课堂中，教师更愿把时间投入对知识点的熟知、技能的操练，对于帮助学生从数学角度思考生活问题，仅仅停留在浅层次："通过情境你能发现怎样的数学信息？你能提出怎样的数学问题？"对于观察的有效性、问题的价值度，教师没有做进一步的追问和思考，从而不能有效地促进生活问题向数学问题转化。

问题二：数学建模方法引领的缺位

应用数学知识解决数学问题，就是从情境出发，对得到的答案进行解释。这就需要教师在教学中，引导学生积极参与数学建模活动。生活化大作业、实践研究、探究性作业等，都是学生进行数学建模的好形式。调查结果表明，学生的作业以大量的机械重复为主，有时同一道题学生甚至会做上十几遍，而课本和作业本中的实践作业却被弃之不用。学生有参与数学建模的意愿，但由于教学中较少实施数学建模，学生对如何进行数学建模方法不明、步骤不清。

2. 模式化的教学方式，"形""实"分离

在新课程改革的大潮中，数学教学的导向以学生学习数学为立场，关注学生核心素养的发展，促进学生深度学习。但在实际的教学活动中，公开课、展示课呈现了教学的新理念、新做法，而当进行常态教学时，不少教师仅仅是把自己原有的教学方式贴上"新课程"的标签，"新瓶装旧酒"，把生活问题简单"嫁接"到教学中，不能生成有效的数学问题；对数学内容的呈现只追求表面，"直白的结果"让学生不能感悟深层次的数学思想……这些教学方式，不能指向学生的深度学习，急需改进。

问题一：对新知进行自我建构的缺乏

学生的学习是一个经验改造的过程，而非简单输入的过程。基于原有的认知经验，学生经历唤醒、改造、提升、结构化的过程，从而把原有的生活原型变成数学

模型。因此,学生对数学知识的自我建构显得尤其重要。但从实际的调研中可知,教学中,教师对学情的分析只停留在对学生的数学客观性知识和技能掌握情况的分析上,停留在学生的一般心理特征分析上,很少能从知识与实践双向融通的角度对学生学习新知进行分析与联结,也就是不能准确找到学生的已有经验与数学问题的桥梁,来激发学生对数学知识的主动建构。同时,对于将学生经验提炼到数学知识的过程,教师也还须进一步厘清。教师应该在每节课的教学中,紧紧围绕"这个数学问题可以怎样展开研究""问题可以怎样解决""中间遇到了哪些困难""所学的知识又能用在哪里"等进行展开。这些教学环节的有效展开,将对学生的"用"的能力的提升、"用"的经验的积累大有益处。

问题二:探索活动有效开展的缺失

学生在学习数学的过程中,大量依赖动手操作、观察分析、讨论研究等重要的数学活动,从而调动触觉、视觉、听觉等多种感官的参与。有效的活动设计,能够调动学生积极参与学习的心向,激发学生探索知识的欲望,提升学生参与课堂讨论的有效性,使学生产生获得学习结果的积极心态。而现实的调查结果表明,这些探索活动更多地出现在公开课教学中,平时的课堂教学还是以教师的讲解为主。即使有涉及观察、操作、讨论等学习活动,活动的时间也较仓促,活动的过程较简单,活动的有效性更值得探讨。因此,我们在教学中,应积极探索数学活动的有效开展,从活动的设计、活动的准备、活动的开展、活动的提炼、活动的思维工具等方面综合考虑,从而使学生在"用"中获取经验、提升能力、发展素养。

二、价值追求:数学学习要促进对知识的深度理解

TIMSS 与 PISA 是近年来较为活跃的两个国际学生评价项目。通过这两个国际学生评价项目,我们可以从评价的视角倒过来看看数学学习的价值追求。

TIMSS 测试是指国际数学与科学教育成就趋势研究,首次测评在 1995 年,每四年进行一次。TIMSS 数学测试主要是为了评价世界各地中小学生的数学基础知识技能和数学思维能力,特别注重学生的发展趋势和发展能力。TIMSS 小学数

学测试的对象主要是四年级的学生。TIMSS 2007 从对基本事实、过程和概念的了解，运用知识和概念性理解解决问题及超出常规问题的不熟悉的情境、复杂情境和多步骤问题的解决中的说理三个不同的认知水平对学生的能力进行测评。[1]

TIMSS，其评价框架的建立基于三层次的课程模型：(1)预期课程，即国家、社会和教育背景下的课程；(2)实施课程，即学校、教师和课堂背景下的课程；(3)达到课程，即学生实际的学习结果和特点。从 TIMSS 来看，数学学习更强调在真实情境下的学习，更强调从数学的角度认识和理解客观世界，更强调学生在实际问题中对策略方法的选择。

如图 1-1-1，左侧是我们平时的练习题，单纯地就知识论知识，仅仅考查学生对东、南、西、北四个方位的认识，是一个静态的过程。而右侧为 TIMSS（四年级）的一道测试题，模拟司机在街区行驶的情境，让学生能够身临其境，把对知识的理解和掌握融入具体的现实情境，更具现实性、创新性和挑战性。

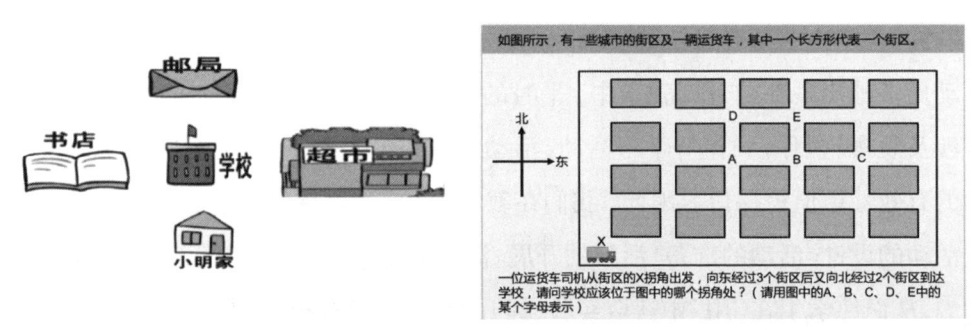

图 1-1-1　日常数学测试题与 TIMSS（四年级）测试题

国际学生评价项目 PISA 是由经济与合作发展组织（OECD）在 20 世纪 90 年代发起的，每三年举行一次，是目前世界上规模最大的教育测试。该评价项目的目的是评价 15 岁学生为成为终身学习者和建设性公民做准备的情况。它关注年轻的成年人为了迎接未来的挑战做了怎样的准备。它认为成人生活所需的基本知

（1）江春莲,胡玲.从 TIMSS 和 PISA 看国际数学教育评价趋势[J]. 新课程研究（上旬刊）,2013（01）: 031-035.

识、技能和能力主要表现为数学素养、科学素养和阅读素养。首部 PISA 测试结果报告的前言中提出了如下计划：PISA 代表了 OECD 成员国的一种新的承诺，即在国际商定的共同框架内，定期从学生成绩的角度来监测教育体制的效果。PISA 通过对成人生活所需技能的判断，旨在为政策对话、定义和实施教育目标上的合作提供新的依据（OECD 2001，p.3）。[1]

PISA 数学测试框架定义了数学素养和 PISA 数学测试的范围，也介绍了测试的方法。下图（图 1-1-2）是对 PISA 2012 框架（OECD 2013a）主要结构及它们之间的相互关系的概述。

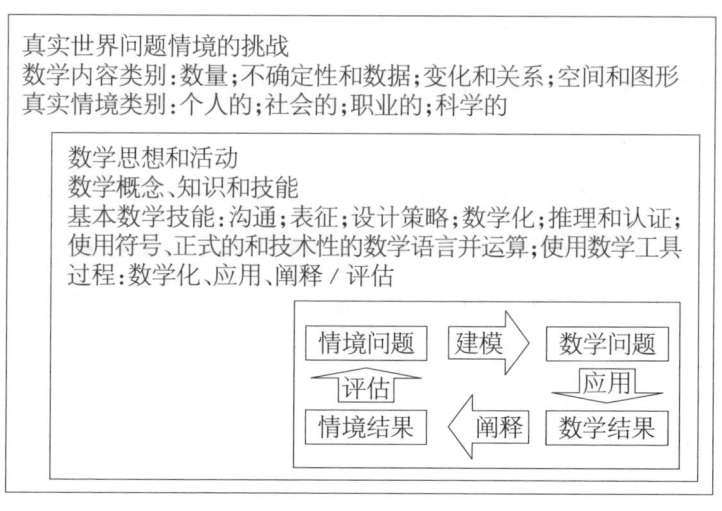

图 1-1-2　数学素养的实践模型（OECD 2013a）[2]

上图最外面的方框表明了在真实世界中遇到挑战时需要的数学素养；中间的方框突出了可用于解决所遇到的挑战的数学思想和活动；最里面的方框阐明了如何按照数学建模活动过程解决问题。从图中我们能很清晰地感受到，PISA 数学测

（1）凯·斯泰西，罗斯·特纳.数学素养的测评——走进 PISA 测试 [M].曹一鸣，等译.北京：教育科学出版社，2017：4.

（2）凯·斯泰西，罗斯·特纳.数学素养的测评——走进 PISA 测试 [M].曹一鸣，等译.北京：教育科学出版社，2017：28.

试关注真实世界的真实问题,要求学生能够经历数学化的过程,应用所学知识解决问题的过程,运用数学知识解释、说明的过程。

我们可以从很多 PISA 开发的题目中,看出 PISA 数学测试对数学素养的要求。下面是 PISA 2012 开发的"攀登富士山"问题,我们来具体分析。

攀登富士山

富士山是日本著名的死火山。

问题 1

富士山只在每年的 7 月 1 日至 8 月 27 日对外开放,这期间大约有 200 000 人来攀登富士山。

平均每天有多少人攀登富士山?

问题 1 考查了一个除法模型,即平均数 = 总数 ÷ 总份数,只要找到总人数和总天数就可以解决这个问题。从"7 月 1 日至 8 月 27 日"这个现实情境中,学生须区分大小月,计算出总天数。这样一个问题,基于富士山的具体情境,对时间的知识、估算的能力、数学的模型等方面进行了考查。

攀登富士山

问题 2

从御殿场到富士山的登山路线长约 9 公里(km)。登山者必须在晚上 8 点前完成来回 18 公里的路程。

山本估计自己可以以平均每小时 1.5 公里的速度登山,并以两倍的速度下山。这样的速度还可以留有让他用餐和休息的时间。

按照山本所估计的速度,要在晚上 8 点前回来,他最迟在什么时间出发?

问题 2 考查了速度、时间、路程之间的数量关系,通过分别计算来、回的时间,得出登山者登山的总时间。然后根据"最迟"这个现实信息,从晚上 8 点倒推出发时间。这题蕴含了推理、模型等数学思想。

攀登富士山

问题 3

山本带着一个计步器去记录在御殿场登山路线所走的步数。他的计步器显示他共走了 22 500 步。

山本在御殿场登山路线走了 9 公里,估算他每一步的平均长度,以厘米(cm)为单位。

问题 3 考查了平均步长、距离、步数之间的数量关系,通过总长 9 公里除以总步数 22500,从而得到平均步长。为了解决这三个连续的问题,学生需要理解相关生活情境,进行相应的数学化,提炼基本数学模型,通过计算、分析、推理等数学活动,得出合理的结论。

从 TIMSS 和 PISA 这两大评价项目中,我们可以很清晰地感受到,评价的观测点已经发生了变化——不再是简单的知识点,而是更关注问题情境,更关注"用"知识的过程,更关注实际问题解决的过程。因此,从评价的视角来看数学课堂,我们应以学生的实践能力发展为目标,促进学生知识的深度建构,以形成学生在复杂的现实情境中运用数学知识的能力。

三、学科落点:发展学生的数学核心素养

数学教育需要回应教育需求,重新审视学科的价值,关注"要培养什么样的人",也就是关注学生的核心素养。数学学习不仅是对数学知识的学习,更是对数学思想的领会,对数学方法的体验;数学学习不仅是问题的解答,更是数学思维体系下理性精神的生成。若干年后,学生也许会把数学知识遗忘,但也许他们能将数学思想内化,形成一种思考问题、理解世界、表达认识的方式,这便是数学的价值所在了。

1. 数学教育须顺应时代发展

在全球化的进程中，经济全球化是首要表征，商品、技术、信息、服务、货币、人员、资金、管理经验等生产要素跨国、跨地区流动，世界经济日益成为一个紧密联系的整体。我们在日常生活中都深刻地感受到了这一点。今天我们使用的一辆汽车，可能发动机来自日本、轮胎来自德国、零部件来自北美……世界各地都能看到"中国制造"的各种商品。在这个以知识经济为主导的知识型社会中，人才成了核心竞争力。同时，我们又处于信息化时代，技术的不断更新迭代，使得我们的产业结构也在慢慢发生变化。知识生产成为主要的生产形式，知识成了创造财富的主要资源。从 4G 到 5G，AI 技术、人工智能等大量应用于我们的生活。知识，作为最重要的资源，可以被共享，可以倍增，可以被"无限制地"创造。在这样一个日新月异的社会中，人力资源比货币资本更为重要。在这种社会格局中，面对越来越复杂多变且相互依赖的环境，我们培养的学生应具备哪些最核心的知识、能力与情感态度？除了满足个人需要，还要能推动社会发展，这就要求我们培养的学生必须要有全局视野，能竞争，更能合作；要有创新视野，能传承，更能发展。

2. 数学教育要符合教育方针

党和国家也提出了对人才培养的全局性指导意见。党的十八大报告指出："坚持教育为社会主义现代化建设服务、为人民服务，把立德树人作为教育的根本任务，培养德智体美全面发展的社会主义建设者和接班人。"这强调了教育的育人功能和价值追求。党的十九大报告再次指出："要全面贯彻党的教育方针，落实立德树人根本任务，发展素质教育，推进教育公平，培养德智体美全面发展的社会主义建设者和接班人。"这从国家的层面提出了"立德树人"的总目标、总方向。为了贯彻党的教育方针，中华人民共和国教育部于 2014 年 4 月发布了《教育部关于全面深化课程改革　落实立德树人根本任务的意见》，其中明确指出："统筹各学科，特别是德育、语文、历史、体育、艺术等学科。充分发挥人文学科的独特育人优势，进一步提升数学、科学、技术等课程的育人价值。同时加强学科间的相互配合，发挥综合育人功能,不断提高学生综合运用知识解决实际问题的能力。"2017年8月,教育部发布《中小学德育工作指南》,提出"充分发挥课堂教学的主渠道作用,将中小学德育内容细化落实到各学科课程的教学目标之中,融入渗透到教育教学全过程",同时对学科育人提出了明确的要求,"数学、科学、物理、化学、生物等课要加强对学生科学精神、科学方法、科学态度、科学探究能力和逻辑思维能力的培养,促进学生树立勇于创新、求真求实的思想品质"。由此可见,立德树人,关注人的全面发展,是党和国家的教育方针的总体要求。

3. 深度学习能够发展数学核心素养

2016年9月,《中国学生发展核心素养》发布,指出了学生应具备的、能够适应终身发展和社会发展需要的必备品格和关键能力。核心素养以培养"全面发展的人"为核心,分为文化基础、自主发展、社会参与三个方面,综合表现为人文底蕴、科学精神、学会学习、健康生活、责任担当、实践创新六大素养,具体细化为国家认同等十八个基本要点。核心素养的提出为全面推进素质教育改革,全面提升教育质量奠定了有利的基础。

深度学习是学习者通过对知识本质的理解和对学习内容的批判性运用,追求有效的学习迁移和真实问题的解决,并以高阶思维为主要认知活动的高投入性学习。[1]这样的学习过程本身就是发展学生核心素养的过程,能够促进学生形成适应个人终身发展和社会发展所需的品格和关键能力。

会用数学的眼光观察现实世界,会用数学的思维思考现实世界,会用数学的语言表达现实世界,这是数学教育的目标和追求。要想达到这"三会"目标,就需要建立以理解为核心的数学课堂教学观;从学生实践能力发展的角度思考教学的目标、过程、结果,促进学习的真正发生,实现学生对数学概念的深度建构,达到实际运用能力的提升,最终形成学生良好的数学感悟。

---

(1) 高东辉,于洪波. 美国"深度学习"研究40年:回顾与镜鉴[J]. 外国教育研究,2019(01):14-26.

第二节 "因用而学"教学观的界定与理论定位

提出"因用而学"的教学观,就不得不谈到我们所熟知的"学以致用"和"做中学"。从这两个我们早已认同的教育理念出发,进一步思考、论证,便形成了小学数学"因用而学"教学观的内涵。

所谓"学以致用",意思是学习了的知识要实现能够在实际中运用的程度。这个理念不论是在传统教育观念还是现代教育价值观上,都被广泛认可。"学以致用",既是学的结果,也是追求。《论语》有云:"学而时习之,不亦说乎?"所谓"习",即在实践中用其所学,达到积累实践经验和实现更深层次认识的目的。学生学习了知识,再去经历用所学知识解决问题的过程,就更能理解知识的本质价值和应用价值。而作为教师,秉持"学以致用"的教学理念,实际上解决了学习结果的问题。

"做中学"强调在动手操作中学习知识,发展解决实际问题的能力。"做中学"不是简单地告诉学生知识点,而是让学生在动手做的过程中掌握知识,让学生以自己的经历与思维构建自己的知识。这也是当下倡导的一种学习方式。它解决了学习过程的问题,也就是如何在学的过程中激发学生的学习动机,让学生手脑并用,促进学习的深度发生的问题。

什么是学习,这是本源问题;为什么而学习,这是如何看待学习的问题,是认识的问题。工业化时代,人们以知识量的积累、读写算的训练为学习的目的,培养标准化的劳动者。随着素养时代的到来,学习的目的更多地转向培养学生运用知识、技能与态度等解决复杂问题的能力[1],即个体在面对生活情境中的实际问题与可能的挑战时,能运用知识、能力与态度,采取有效行动,以满足生活情境的复杂需要,达到目的或解决问题的能力。从这个角度看,"因用而学"是在"做中学"和"学

---

(1) 张良,罗生全.论"用以致学":指向素养发展的教学认识论[J].华东师范大学学报(教育科学版).2021(2):40-49.

以致用"基础上的进一步思考。"做中学"是学的过程,"学以致用"是学的结果,而"因用而学"则是目的,从而形成了以"用"为目标的全过程的教学。贯通目的、过程、结果,"因用而学"把学生的知识实际运用能力的发展作为目标,强调学习的目的是运用。

构建"用""学"一体的教学,需要重新审视"用"与"学"的关系,建立符合学生素养发展规律的学习观,提炼数学学习实践中的"用学"观,研究学生的学习过程,发展"因用而学"的数学教学内涵。

一、厘清"用""学"关系

实践性是素养的本质特征。素养作为预期学习结果要求学习者不仅能够掌握、识记,而且能在复杂情境中灵活自如地联系与运用,其关键在于知识运用和迁移。[1]从这个角度思考,我们需要重新审视"用"与"学"的关系。王阳明提出"知行合一",深刻揭示了知识与实践一体化的关系。陶行知提出的"生活即教育""社会即学校""教学做合一"的教育思想,反映了学习者"学""用"一体的诉求,确保了有着实践这一本质特征的素养的落地生根。

但是在现实的教学实践中,我们往往可以看到"用""学"误区。

误区之一,"学""用"有先后之分

在日常用语中,人们经常把只关注获取知识的人称为"死读书""书呆子"等。从这些表达中可以看出,人们对"学""用"有着传统认识。这样的传统认识往往认为"学"在前,"用"在后,"学"决定着"用"。在这样的教学观念之下,教学中,教师让学生通过接受、识记、巩固,以达成知识的储存,而后再把静态的知识加以应用和实践。殊不知,这样的方式把知识和实践割裂了开来。而在现实问题的解决过程中,学生参与真实问题解决过程,采用多样的方式,调动已有的知识经验,并对原有认知进行加工、改造、重组、结构化,这本身就是一个学习的过程,同时"学"与"用"

---

(1) 张良,罗生全.论"用以致学":指向素养发展的教学认识论[J].华东师范大学学报(教育科学版).2021(2):40-49.

相互促进。从这个角度看,"学""用"是一体的,"学"可以促进"用",而"用"中也包括了"学"的发生与对知识的深度建构。

误区之二,"用"是工具而非目的

传统的教学论认为,学生学习的主要对象是知识,也就是人类文明的间接经验。知识的运用则是工具、手段,服务于知识的掌握。这样的观点认为知识位于价值优先地位,而运用、实践属于工具、附庸,处于价值从属地位。杜威(John Dewey)曾批判性地指出,认为知识内在地优于实践,理性内在地优越于实践,依旧是原则上贬斥实践的旧有传统。可见,把"用"定义为工具,其教学行为还停留在知识掌握上,因此大量的、重复的、机械的操练就成了学习的主体,背离了真实的知识运用和知识实践。因此,应把"用"知识作为"学"知识的重要目的,强调学习知识的目的在于运用知识于社会实践,即"因用而学""学以致用"。[1]

走出"用""学"的误区,建立实践取向的教学认识,调整"用""学"的先后次序,以"用"为目标,以"用"为"学"的手段和方法,"因用而学""学以致用"。

1."用"是"学"的目的

从培养核心素养的角度看,学生在接受相应学段的教育的过程中,逐步形成了适应个人终身发展和社会发展所需的品格与关键能力。核心素养更多地指向过程,而非结果。学生参与学习活动,从中获取知识,形成能力;最终在直面复杂多变的情境时,能运用所学,创造性地解决问题。因此,把学生的知识实际运用能力的发展作为目标,强调学习的目的在于运用知识于实践,而不是单纯的知识记忆,符合当下时代社会发展的需求和教育改革发展趋势。

在数学教学实践中,教师常常会拘泥于一个个知识点,就事论事。其实,我们应建立起以"用"为目标的教学整体思维,以此统领整个学习阶段。从整个小学阶段而言,"用"的目标是为学生终身学习埋下理性思维的种子,让学生学会从数学的角度,运用数学思想方法,寻求解决问题的策略。当我们从整个学段缩到一个学

---

(1)张琼."用中学":指向实践能力发展的一种知识学习方式[J].课程与教学论研究,2013(5):56-61.

期、一个单元、一个课时时,"用"的目标就逐渐聚焦、具象。如"10 的认识"这一课,我们从大量的实际情境中抽象出数,让学生理解数的意义,为"11—20 各数的认识"打下基础,这是为了下一个知识点的"用";又如对数的位值概念的理解,为数的运算做好了相应的铺垫,这是为了下一个学习板块的"用";再如,感受数已经抽离了事物的其他属性,是一类等价集合的元素个数,为学生形成数感助力,这更是为了学生未来数感发展的"用"。

2. "用"是"学"的过程

学习是什么？学习可以简单地表示为"经验(自变量)→学习(中间变量)→行为和思维变化(因变量)"[1]。建构主义学习观认为,高级的心理机能来源于外部动作的内化,这种内化不仅通过教学,也通过日常生活中的游戏和劳动来实现。内在的智力动作也会外化为实际动作,使主观见之于客观。内化和外化的桥梁便是人的活动。学习者的任何学习活动都不是在一张白纸上画画,总以原有的认知结构为基础,以自身的经验来理解和建构新的知识与信息。教师应摒弃单向输入的学习方式,而围绕着知识的运用展开教学,引导学生充分调动已有的知识与经验,在实际问题的解决中,建构新知识,发展新能力,形成属于个体的学习经验。"学"可以促进"用",而"用"中也包括了"学"的发生与对知识的深度建构。

3. "用"是"学"的结果

学生的学习结果如何？用一张试卷考查的只是知识,而不是情感、态度、知识、技能的综合表现。只有把结果放置于实践中,才能把从"学"中体会到的外显和内隐的结果表现出来。教师应引导学生在知识的运用中学习,解决真实情境中的问题,凸显实践,把知识的掌握转变成知识的运用,把"用"融入知识的形成过程、解释过程、应用过程、创造过程,在应用、分析、综合、评价中,逐步实现"用""学"一致,"用""学"合一。正如陶行知先生所说:"书里有真知识和假知识。读它一辈

---

(1) 陈琦,刘儒德. 当代教育心理学[M]. 北京:北京师范大学出版社,1997:48.

子不能分辨它的真假，可是用它一下，书的本来面目就显了出来，真的便用得出去，假的便用不出去。"

二、"因用而学"教学观的界定

"因用而学"，简称"用学"，是数学学习的目的和价值取向，又是数学学习的具体方法。它是指以学生的知识实际运用能力的发展为目标，以运用知识解决实际问题为学习过程和学习手段的知识学习理念和学习活动方式，是真实情境下探究性学习的开展。

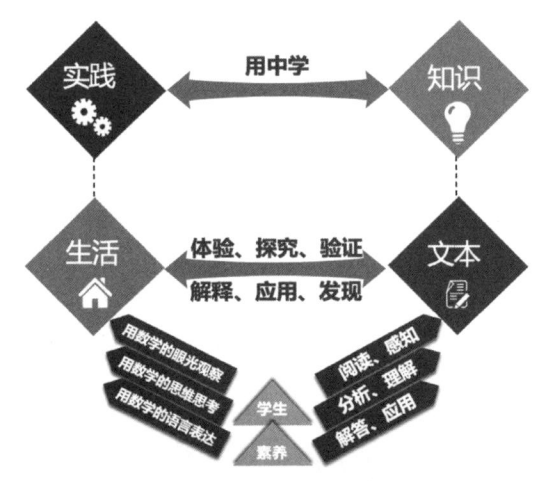

图 1-2-1 "用学"过程概念图

其基本思想有以下几点：

学生发展是根本。在图 1-2-1 中，学生的发展处于核心位置。学生通过阅读、感知、分析、理解、解答、应用，通过用数学的眼光观察、用数学的思维思考、用数学的语言表达，通过体验、探究、验证等活动，解决实际问题，并掌握知识，形成能力。同时，学生又通过解释、应用、发现，进一步巩固提升、迁移运用知识。一切学习活动的开展都应围绕着学生核心素养的发展。

文本材料是基础。人类的学习始于实践,但学生的学习并不是非要从直接经验开始的,完全可以在间接经验的基础上学习。文本是教师开展"用学"活动的重要依据。教师可以以课程标准为指引,以教材为主线,以学生发展为目标,来梳理主线,整合资源,构建基于"用"的学习整体体系。

学习情境是关键。"用学"让学生在"用"中历学、悟学,其关键在于学习材料的选择。因此,"用学"首先要考虑如何设计学习情境,让情境既浅显易懂,又蕴含深刻的数学思想;既能体现不同的解决方案,又包含着一般化的结论。这样才能激发学生强烈的求知欲,让学习在真实的情境中发生,让学生深度体验、探究、验证知识。

素养提升是目标。在"用学"过程中,学生会经历系统分析、问题解决、实验、调研、创见、决策等活动,他们的抽象素养、推理素养、建模素养、高阶思维得以发展,应用、分析、评价、创造的能力得以提升。以"用"促学、以"用"促思,学生在"用学"过程中经历了数学化,对学科的核心概念有了高程度达成,思维与技术素养有了提升。

三、"因用而学"与"做中学"的关系

1."做中学"理论

20世纪60年代,现代教育家杜威以"教育即生活""教育即生长""教育即经验的改造"为依据,提出了举世闻名的"做中学"(learning by doing,或译"从做中学")理论,他明确提出:"从做中学要比从听中学更是一种较好的方法。"[1]在杜威看来,"做中学"充分体现了学与做的结合,也就是知与行的结合。

杜威认为:"儿童生来具有从事各种活动的本能,其中'做'的本能最为重要,于是,儿童应该从做的活动中学习,即改造自己的经验。"[2]从这一论述中可见,"做中学"是儿童学习发展进程的开始。正是通过"做中学",儿童得到进一步的生长和

---

(1) 单中惠.现代教育的探索——杜威与实用主义教育思想[M].北京:人民教育出版社,2002:327.

(2) 陆有铨.教育的哲思与审视[M].北京:人民教育出版社,2016:11.

发展。杜威认为:"……人的固有的本能是他学习的工具。一切本能都是通过身体表现出来的;所以抑制躯体活动的教育,就是抑制本能,因而也就妨碍了自然的学习方法。"(1)"做中学"是儿童的天然欲望的表现,一切有教育意义的活动,主要动力在于儿童本能的、由冲动引起的兴趣。杜威还指出:"须知经验包含主动与被动两个要素……在主动的方面,经验是尝试……在被动的方面,经验是承受所成的结果……这两方面愈有关联,就愈有效果,或愈有价值。"(2)作为百年来最具影响力的教育哲学家之一,"做中学"理论的价值毋庸置疑,其能够激发学生学习的兴趣,引发学生学习的内在动力,充分激发学生潜在的能力,使学生形成学会学习、学会生活的内驱力。

　　杜威认为,传统教育是"从听中学",现代教育就应该是"做中学"。他认为:"学校以儿童为中心,社会以青年为中心,所以,最希望学校养成一种有生气的儿童,社会养成一种有生气的青年。要怎样能养成呢?就是从自动开始。"(3)"故教学儿童,当使之能自行研究、自行参考,或有问题发生之时,真可利其机会,使之研究发展能力,切不可惮烦为之讲演、为之口述,以灌输知识与儿童为能事。……教学方法之最重要者,须以儿童为教学之中心,不可以科目为教学之中心。"(4)陶行知深受杜威思想的影响,根据中国教育的实际情形,把杜威的教育理论变成"生活即教育""社会即学校""教学做合一",创立了生活教育理论体系。陶行知认为:"我们要在做上教,在做上学。在做上教的是先生;在做上学的是学生。从先生对学生的关系说:做便是教;从学生对先生的关系说,做便是学……因此教学做是合一

---

(1) 约翰·杜威.学校与社会·明日之学校[M].赵祥麟,等译.北京:人民教育出版社,1994:380.
(2) 《民本主义与教育》,商务印书馆中华民国十七年三月初版,民国三十六年五月第二版,第163,211—222页.
(3) 袁刚,孙家祥,任丙强.民治主义与现代社会:杜威在华讲演集[M].北京:北京大学出版社,2004:108.
(4) 袁刚,孙家祥,任丙强.民治主义与现代社会:杜威在华讲演集[M].北京:北京大学出版社,2004:370.

的。因为一个活动对事说是做;对自己说是学;对人说是教。"[1]可见,"教学做合一"不仅强调了"教"的意义,而且给予了"做"更丰富的内涵。[2]

1995年12月,以美国国家科学研究委员会(NRC)为首,先后动员了万余人,制定并颁布了美国历史上第一部科学教育标准,其中把"动手做"探究式学习(Hands-on Inquiry Based Learning)列为改革的重要原则之一。"做中学"教育逐渐发展成为世界性的教育实验活动,美国、法国、意大利、瑞士、墨西哥、韩国、巴西、智利等多个国家都制订了"动手做"数学教育计划。综上所述,国外的教育研究者对"做中学"的研究较为深入,并且在数学教育的开展过程中取得了一定的成就,值得我们借鉴和学习。从2000年至今,不少一线教师和研究者都对"做中学"教育理念做了一些有益的探索和研究,把"动手做"引入小学数学教育,并进行了相关的教学改革和实验。

1927年,克伯屈(Kilpatrick)应邀来华讲学,掀起了有关项目教学法的高潮。在这一时期中,张伯苓在南开小学进行试行,陶行知选择晓庄学校(试验乡村师范学校)开展项目教学。1994年,时任中国教育部副部长的韦钰院士参加了国际科学联盟科学能力建设委员会的研讨会议,并多次考察了美国和法国的"动手做"项目。2000年,韦钰院士认为应该把国外先进的教育改革经验和我国的实践相结合,在我国推广科学教育改革,先在北京、上海、南京、汕头的部分幼儿园和小学的科学课上做试点研究。

在中国,最先进行实验改革的是上海师范大学的杨庆余副教授,他申请的"小学数学学习中Hands-on(动手做)的探索与实践"项目于2002年正式被确立为国家"十五"规划教育部的重点课题;杨教授带领团队开展了为时三年多的行动研究。

---

(1) 江苏省陶行知教育思想研究会,南京晓庄师范陶行知研究室.陶行知文集[M].南京:江苏教育出版社,1981:185.
(2) 屠锦红,李如密."做中学"教学法之百年演进述评[J].课程·教材·教法,2014(4):95−102.

2. "用中学"理念

2013年,张琼老师在《"用中学":指向实践能力发展的一种知识学习方式》一文中指出:"当今时代,伴随实践主导形态的转换,知识的实际运用能力日益引起人们的关注。促进学生这种实践能力的发展,需要以'用中学'重建知识学习理念和学习方式。'用中学'是旨在知识运用和实践能力发展的一种重要的知识学习方式,其过程体现了学习者将公共知识转化为自身的观念和行动,进而实现自身社会化的过程,在该过程中,学习者实现着知识学习与实践能力的双向建构。"[1]从各项研究报告中可以看出,"用中学"教育理念对提高学生的实践能力,培养学生的创新精神和问题意识,起到了积极的作用。

知识的实际运用,有助于打破知识学习与实际生活之间的分离状态。学生不仅可以获得对知识的丰富理解,同时也可以发展相关的实践能力;不仅可以有效地学习知识,同时也可以解决实际问题,产生具有创造性的想法、观念和"产品"。

"用中学"的思想能够转变学生的学习方式,变被动接受式的学习为主动地去发现知识、发现乐趣的学习;学生的学习效率有明显提高。在"用中学"教育理念下,教师不再是课堂的主体,更不是在讲台上"发号施令"的权威人物,而是将课堂还给学生,以学生为中心,成为学生学习与探究活动的组织者、引导者、参与者和支持者。

目前在国际上,与"用中学"在知识学习观上比较接近的一些学习方式和学习概念,如项目式学习(Project-Based Learning)、应用式学习(Applied Learning)等,都非常强调通过运用知识来学习知识、发展实践能力。

项目化学习具有悠久的历史,早在16世纪晚期就已经在意大利兴起,开始主要用于建筑和工程教育活动。18世纪初,它在美国受到关注并蓬勃发展。项目化学习理论发展中非常重要的人物是杜威和克伯屈。前者强调"在做中学",提出学习要在教师的具体指导下,在师生共同完成项目的过程中进行;后者则深受桑代

---

[1] 张琼."用中学":指向实践能力发展的一种知识学习方式[J].教育研究与实验,2013(5):56-61.

克（Thorndike）学习理论的影响，更注重学生心理或者动机，认为项目是一种"全新的、有目的的"学习模式。克伯屈在《项目教学法：在教育过程中自愿活动的应用》（*The Project Method:The Use of the Purposeful Act in the Education Process*）一文中首次提到了项目化学习。目前项目化学习是一种非常热门的教学模式，在世界范围受到热捧。

国外对此研究已经达到非常深入的程度，无论是理论研究，还是实践应用，都取得了一定的研究成果，尤其是欧洲和美国，例如美国萨莉伯曼设计的项目化学习，布鲁斯·坎贝尔的学习中心，巴克教育研究所的项目化学习"黄金准则"等。国内学者夏雪梅认为项目化学习应指向核心知识的再建构，要创建真实的驱动性问题和成果，用高阶学习带动低阶学习，能将学习素养转化为持续的学习实践。项目化学习要锻炼和培育的是学生在复杂情境中的灵活的心智转换，是一种包含知识、行动和态度的"学习实践"。[1]

3."因用而学"是"做中学"的继承与发展

我们不难发现，无论是"做中学"，还是"用中学"，都强调在学习的过程中，把学生放到学习的中心，关注学生实践能力的发展，提高学生"用"知识的能力，让学生做到"学""做"合一，"学""用"合一，从而形成对知识的本质理解，追寻迁移和真实问题解决的深度学习。"做中学"理论很深刻地阐释了在学习的过程中，舍弃直接给予知识的学习方式，引导学生动手实践，将思维内化，从而形成属于个体的认知经验和学习结果的理论。"因用而学"教学观正是基于这样的理论基础。笔者充分认识了"做中学"的思想内涵，进一步思考了学习的目的，围绕"学习是什么"这一本源问题，"为什么而学"这一认识问题，思考小学数学教学，从而提出了"因用而学"教学观。笔者认为应把"用"作为"学"的目的，学生的学习是为了运用，不仅为了当下学习的运用，更是为了未来学习，乃至一生的"用"。"用"是过程与方法，这和"做中学"的理念是完全一致的。教师应基于"用"而展开"学"的过程，创

（1）夏雪梅.项目化学习设计：学习素养视角下的国际与本土实践[M].北京：教育科学出版社，2018：013.

设"用"的环境和素材，把学生卷入知识的发生、发展过程。"用"更是结果，把学得的知识运用于实践，让实践来检验和提升。这是笔者对学习全过程的思考，贯通目的、过程与结果，形成了以"用"为先、以"用"为目的、以"用"为核心的教学观。

四、"因用而学"与深度学习的关系

1. 深度学习理论

深度学习在20世纪70年代主要指的是学习方法。1976年，弗伦斯·马顿（Ference Marton）和罗杰·萨尔乔（Roger Saljo）根据学生阅读实验，第一次提出了"学习层次"。他们发现浅层学习处于较低的认知水平和思维层次，深度学习处于认知的高级水平，涉及高阶思维，可以发生迁移。

到了20世纪80年代之后，学者既关注学习方式，又关注学习结果。香港大学教育心理学教授比格斯（J.B.Biggs）和澳大利亚学者柯利斯（Collis）创建了SOLO分类。SOLO是英文"Structure of the Observed Learning Outcome"的缩写，意为可观察的学习结果的结构。SOLO分类评价理论是一种首创的学生学业评价方法，是一种以等级描述为特征的质性评价方法。SOLO分类评价理论非常形象清楚地描述了学习结果的五个层级。第一层级为前结构，即学生无法解决问题或只会重复问题，不能理解要点。第二层级为单点结构，即学生注意到了问题的一个相关特征，但事实与观点之间没有联系，理解是有名无实的。第三层级是多点结构，即学生找到了许多独立的相关特征，但还无法将它们有机地联系起来。第四层级是关联结构，即学生会整合各部分内容，使其成为一个有机整体。第五层级是抽象扩展，即学生会归纳问题或重新概念化到更高的抽象层次。具体请看图1-2-2。

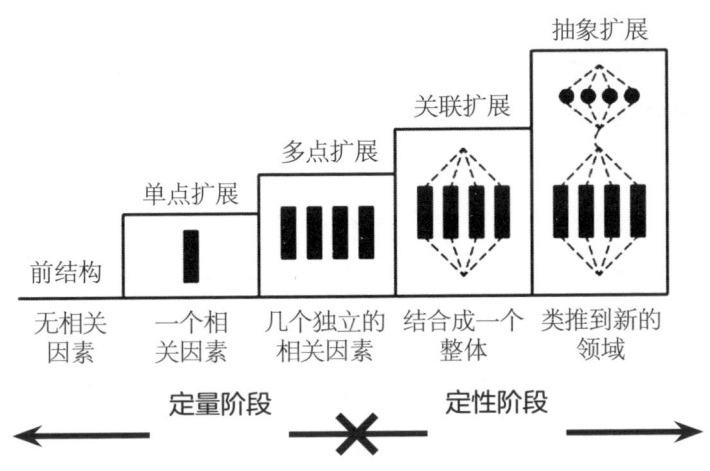

图 1-2-2　SOLO 分类评价理论[1]

从图中可以看出，第一个层级没有发生学习，第二和第三层级都是浅层学习，第四和第五层级才是深度学习。

到了 20 世纪 90 年代，美国学者格兰特·威金斯（Grant Wiggins）和杰伊·麦克泰（Jay McTighe）提出了"深度学习的起点是理解"的观点，了解、输出、记忆等都属于浅层学习，唯有理解才是深度学习。理解从认知和情感层面可分为说明、诠释、应用、形成观点、同理心、自知之明六个水平。

2012 年，威廉和弗洛拉·休利特基金会（The William and Flora Hewlett Foundation）把深度学习阐释为六种相互关联的核心竞争力，即掌握核心学术内容、批判性思维与问题解决、有效沟通、协作能力、学会学习、学术心志。美国研究学会（America Institutes for Research）将其进一步细化为认知、人际、自我三大领域，形成了深度学习在领域维度与能力维度的兼容性框架。具体请看表 1-2-1。[2]

（1）　崔允漷.新课标背景下,教师要从三个维度建构"新"教学[EB/OL]. https://mp.weixin.qq.com/s/8_Tda3k5wDQoreH4EL9PNw.（有改动）

（2）　陈静静.学习共同体——走向深度学习[M].上海:华东师范大学出版社,2020:010.

表 1-2-1　深度学习在领域维度与能力维度的兼容性框架

领域维度	能力维度
认知领域	掌握核心学术内容
	批判性思维与问题解决
人际领域	有效沟通
	协作能力
自我领域	学会学习
	学术心志

什么是深度学习？深度学习是学习者通过对知识本质的理解和对学习内容的批判性运用，追求有效的学习迁移和真实问题的解决，并以高阶思维为主要认知活动的高投入性学习。[1]

我国学者刘月霞和郭华在研究中提出了深度学习的五个特征。特征一，联想与结构：经验与知识的相互转化。[2]个体经验与人类知识在深度学习中，相互成就、相互转化。"联想"（唤醒、调动）是关照、重视学生个体经验（包括日常生活经验），而"结构"是通过教学活动对经验和知识的整合与结构化。[3]特征二，活动与体验：学生的学习机制。[4]学生要成为学习的主体而不是被动的知识接收器，就得有"活动"的机会，有"亲身经历"（用自己的身体、头脑和心灵去模拟地、简约地经历）知识的发现（发明）、形成、发展的过程的机会。[5]特征三，本质与变式：对学习

---

[1] 高东辉,于洪波.美国"深度学习"研究40年:回顾与镜鉴[J].外国教育研究,2019(01):14-26.

[2] 刘月霞,郭华.深度学习:走向核心素养（理论普及读本）[M].北京:教育科学出版社,2018:045.

[3] 刘月霞,郭华.深度学习:走向核心素养（理论普及读本）[M].北京:教育科学出版社,2018:048.

[4] 刘月霞,郭华.深度学习:走向核心素养（理论普及读本）[M].北京:教育科学出版社,2018:050.

[5] 刘月霞,郭华.深度学习:走向核心素养（理论普及读本）[M].北京:教育科学出版社,2018:051.

对象进行深度加工。[1]发生深度学习的学生能够抓住教学内容的本质属性、全面把握知识的内在联系，并能够由本质推出若干变式。[2]特征四，迁移与应用：在教学活动中模拟社会实践。"迁移与应用"解决的是知识向学生个体经验转化的问题，即将所学知识转化为学生综合实践能力的问题。[3]特征五，价值与评价："人"的成长的隐性要素。"价值与评价"回答的是教学的终极目的与意义的问题，即教学是培养人的社会活动，要以人的成长为旨归。[4]

因此，在深度学习中，学生是积极主动的学习者；教师的作用是引起、维持、促进学习；目标是用以致学，采用共生共享的评分规则；内容是蕴含意义（真实情境问题）的任务；教学具有高投入、高认知、高表现的特点；评价需要基于有着真实情境的问题和任务。

2."因用而学"是深度学习的实践方式

在对深度学习的基本概念与理论的探索中，笔者认识到深度学习是理解性学习。学生能将新的知识和内容进行批判性学习，并能将它们与原有的认知相融合，能将众多的思想联系起来，能将已有的知识在新的情境中迁移应用，做出决策和解决问题。深度学习注重批判理解、强调信息整合、促进知识建构、着意迁移运用、面向问题解决、提倡主动终身。[5]"因用而学"教学观着眼学生实践能力的发展，构建以"用"为核心的目标体系，从"用"中引出学习内容，激活学生已有的生活经验和认知基础，在"用"中促进"学"，加强知识的深度建构；而后学以致用，强调知识在新的问

（1）刘月霞,郭华.深度学习:走向核心素养（理论普及读本）[M].北京:教育科学出版社,2018:056.
（2）刘月霞,郭华.深度学习:走向核心素养（理论普及读本）[M].北京:教育科学出版社,2018:056.
（3）刘月霞,郭华.深度学习:走向核心素养（理论普及读本）[M].北京:教育科学出版社,2018:060.
（4）刘月霞,郭华.深度学习:走向核心素养（理论普及读本）[M].北京:教育科学出版社,2018:061.
（5）张浩,吴秀娟.深度学习的内涵及认知理论基础探析[J].中国电化教育,2012（10）:7-11、21.

题情境中的运用与再学习。这样的过程其实就是一个深度学习的过程，包含了感知、理解、应用、分析、创造等思维活动，以"用"引学、以"用"探学、以"用"正学、以"用"拓学，"学"在"用"的过程中深度发生。同时依据深度学习评价理论，如 SOLO 分类评价理论，教师可以观察学生对学习目标的达成度、学习过程的亲历度、学习结果的运用度，从学习结果呈现的情况，分层次地深入剖析，分析学生的学习处于哪个阶段，是否有深度学习的发生。"因用而学"教学观以可观察、可测量的方式进行学习评价，从而指导教师的教和学生的学，给一线教师以实际的、可操作的学习评价指导。

第三节　"因用而学"教学观的实践路径

"因用而学"教学观强调对知识的探索、推理、应用和创造，把"用"与"学"有机整合，让学生在数学抽象、猜想、探究、建模、归纳、解决问题等"用"数学的过程中发展核心素养。建构了"因用而学"的教学观之后，我们需要从实践层面思考以下几个问题：第一，"用"在数学学科上有哪些具体的特征？第二，学生的"用"会经历怎样的过程？第三，怎样建构数学"因用而学"的全过程学习？

一、"因用而学"的学科理解

指向"用"的"学"，更强调对知识的实际应用，更能促进学生实践能力的发展。"因用而学"有这样几层意思：运用旧知探索新知即为"用"，知识的推理验证即为"用"，解决实际问题即为"用"，知识的再创造即为"用"。《义务教育数学课程标准（2011年版）》提出"数学素养是现代社会每一个公民应该具备的基本素养"，"数学教育既要使学生掌握现代生活和学习中所需要的数学知识与技能，更要发挥数学在培养人的思维能力和创新能力方面的不可替代的作用"。可见，"因用而学"的价值取向与课程标准的理念不谋而合。

1. 运用旧知探索新知即为"用"

学生在建构新知识前,总是先调动他以前的经验,包括原有的图式、规则、算法等,而后对输入信息进行解释,主动选择一些信息,忽视一些信息,并从中得出结论。与过去记忆产生关联 — 选择性知觉 — 与原有知识结构建立联系 — 对照感觉、经验做检验 — 形成新的认知结构,这一过程就是运用原有知识探索新知的过程。

如三年级"位置与方向"一课,在学习之前,学生已经积累了一些零散的感性的经验,能用简单的上、下、左、右、前、后辨别位置,知道生活中的东、南、西、北。教学基于这样的经验,设计三个"用"的环节,引导学生主动建构新知。环节之一,让学生用已有的位置与方向的知识来向听课教师介绍周围的朋友,从而发生认知冲突,体会形成东、南、西、北四个方位的概念的必要性。环节之二,用学生熟悉的校园作为学习材料,让学生制作校园平面图,主动形成对"上北、下南、左西、右东"的认知。环节之三,让学生看宁波地图,介绍周围的县、市、区,并指出实际的方位,真正把地图上的方位和实际生活中的方位有机结合起来。

2. 知识的推理验证即为"用"

推理是数学的基本思想。约翰逊·莱尔德(Johnson Laird)认为推理是个体通过直接的知觉,或间接的语言理解,在一定的前提下,建构类似于真实世界的心理表征,无须运用逻辑法则。这种心智模型的建构过程实际上就是信息加工过程,其中包括注意、知觉、语意、记忆、比较、序列、搜寻、监控、元认知等。[1]学生的推理验证经历了三个阶段,分别是初始模型阶段、得出结论阶段和验证模型阶段。在推理验证过程中,学生依据原有的经验,对问题进行表征、理解、解释,从而得出新的结论。

如六年级"一个数除以分数"一课,在学习之前,学生已经知道了一个数除以分数就等于乘它的倒数,因此如何推理验证就成了学习的主要任务。教师可以让学生围绕具体例子"$\frac{3}{8} \div \frac{3}{2}$"展开讨论,研究分数除以分数的常理与算法。于是,学生运

---

[1] 鲍建生,周超. 数学学习的心理基础与过程 [M]. 上海:上海教育出版社,2009:168.

用已有知识进行推理验证，方法一个接一个。利用商不变的性质，推理"$\frac{3}{8} \div \frac{3}{2} = (\frac{3}{8} \times \frac{2}{3}) \div (\frac{3}{2} \times \frac{2}{3}) = \frac{3}{8} \times \frac{2}{3}$"；利用分数与除法的关系以及运算的定律，推理"$\frac{3}{8} \div \frac{3}{2} = \frac{3}{8} \div (3 \div 2) = \frac{3}{8} \div 3 \times 2 = \frac{3}{8} \times 2 \div 3 = \frac{3}{8} \times \frac{2}{3}$"；利用图示进行推理（见下图1-3-1）。也有同学把这两个分数通分，推理"$\frac{3}{8} \div \frac{3}{2} = \frac{3}{8} \div \frac{12}{8} = 3 \div 12 = \frac{1}{4}$"。还有同学想出这样的方法："$\frac{3}{8} \div \frac{3}{2} = \frac{3 \div 3}{8 \div 2} = \frac{1}{4}$"，而后对所得的方法进行验证，得出一般化的结论。

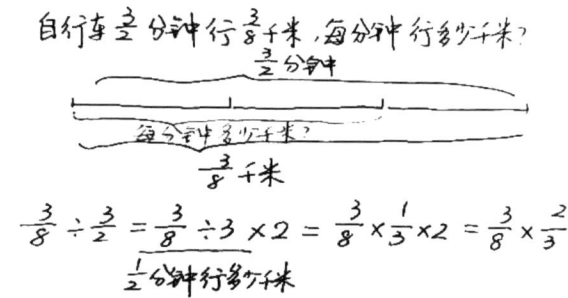

图1-3-1　学生利用图示推理一个数除以分数的计算法则

3. 解决实际问题即为"用"

"问题解决"是学习者为了适应情境的需要，运用过去所习得的知识技能以寻求解答的过程；在解决问题中，学习者经由探索、分析、搜寻等不同的方式获得与问题相关的信息，并试图解答疑问，消除困惑，直到达到目标为止。[1]在这个过程中，学生会根据现实的情境，合理地选择先前的知识和经验，为寻求问题的解决方案寻找合适的路径，对相关联的信息进行重组，最终形成切实可行的方法。这是一个从旧知拓展到新知的过程，一个完善认知结构的过程，更是一个形成学科素养的过程。

（1）　鲍建生，周超．数学学习的心理基础与过程[M]．上海：上海教育出版社，2009：172.

如"设计茶叶罐"一课,设置的问题如下:西湖龙井是中国十大名茶之一,也是杭州一张靓丽的名片。为了迎接即将举行的第19届亚运会,西湖龙井公司推出一款茶叶,产品规格是50g,需要设计茶叶罐。设计要求:①画出茶叶罐的草图;②标注相应的尺寸;③说明设计理由。学生需要调动已有的知识,链接立体图形的相关内容;而后需要确定茶叶罐的形状,而茶叶罐的尺寸、容积等也需要进一步探索。学生需要进行分析、对比、运算、推测等,形成初步意见,之后设计相应的草图,并验证。

4. 知识的再创造即为"用"

学生在经历"用""学"活动时,解决相应问题之后,新的学习事项产生,从而进入下一个"用"与"学"的阶段。"用"的过程就是运用已有的经验和知识对面临的新的问题情境进行分析,以发现问题的起始状态和结果之间的联系的过程。其中的关键点在于对当前问题进行合理表征,将这种生成的表征与已有的知识经验中的问题类型进行类比,这种类化和将已有知识经验具体化的过程就是创造的过程。

如"谁的'面子'最大"这一研究主题[1],面对具体的现实问题,教师通过让学生回忆原有的知识,即求图形的面积可以通过转化的办法,把立体的面转化成平面,把平面的不规则的面转化成规则的面,引导学生想出了面膜覆盖法、米粒模型法、镜子描线法(见图1-3-2),创造性地解决了实际难题。而后,学生又继续深入思考,运用现代电子设备,通过椭圆面积的公式等来解决难题。

图1-3-2 学生研究的面膜覆盖法、米粒模型法、镜子描线法

---

(1) 该研究主题由宁波市海曙中心小学朱昕怡同学实践,张颖老师指导。

二、"因用而学"的实践框架

指向"用"的"学",更强调对知识的实际应用,更能促进学生实践能力的发展。把"因用而学"贯穿于数学教学的始终,对教学的目标、教学的过程以及教学的结果做进一步的思考后,笔者认为"为用而学"是目标系统,"在用中学"指向过程,而学习的结果就是"学而用之"。

1. 目标——"为用而学"

在教学过程中,目标设定是第一位的。"为用而学"是教学的目标。教师的"用"是前提,学生的"用"是目的。教师不仅要关注学生当下的"用",更要关注学生未来的"用"。在数学学习的"四基"发展中,基础知识和基本技能指向当下,而基本思想和基本活动经验更多地指向未来。在设定教学目标时,教师要统整考虑,着眼"为用而学",合理设置目标。在《小数除法》单元的学习中,教师就可以做这样的思考。

表1-3-1 《小数除法》单元目标设计

知识、技能目标 (指向当下的"用")	思想、活动经验目标 (指向未来的"用")
1. 结合现实情境,理解小数除法的意义。 2. 在具体情境中,根据小数的意义理解小数除法的算理。 3. 经历小数除法算理的探究过程。 4. 掌握小数除法的计算方法。 5. 运用小数除法解决实际问题。	1. 在探索算理的过程中,体会多元化的学习策略。 2. 在探究算理、掌握算法的过程中,培养运算能力。 3. 启发学生有条理地、清楚地表达算理,培养推理能力。 4. 引起自主探究的兴趣,激发自主学习的热情。

2. 过程——"在用中学"

学生通过"在用中学",经历运用旧知探索新知的过程,经历知识的推理验证的过程,经历解决实际问题的过程,经历知识的再创造过程。"在用中学"的学习步骤,一般包括情境呈现、方案设计、活动实施、结论形成、回顾反思,具体见图1-3-3。

(1)链接真实情境,找准经验点。学习的发生、发展依赖学生原有的经验。因此,在教学设计时,教师要找准经验点,寻找能够建立知识与经验双向互通的真实情境,通过感知,使学生产生联想,调动原有知识、技能、经验和感受,激活学习的动力。

(2)经历研究过程,做实体验点。学生通过头脑风暴、讨论、系统分析等来设计方案,确定问题的性质,厘清知识现状,选择工具材料,形成研究方法;通过资料查阅、实验、问题解决等来实施研究,把学习活动展开、放大,利用思维工具来达成研究目标;通过撰写报告、制作作品等活动,形成研究成果。这些研究过程,是体验知识本质的过程,是感悟思想的过程,是形成个体认知的过程。

(3)形成高阶思维,增值能力点。通过系列的活动,学生的高阶思维得到发展,如应用、分析、创造等认知能力得到发展。同时借助评价量表,学生展开自评和互评,在知识的掌握、能力的提升、思维的发展、方法的形成、合作意识的增强等方面做出评价,促进自身综合能力的发展。

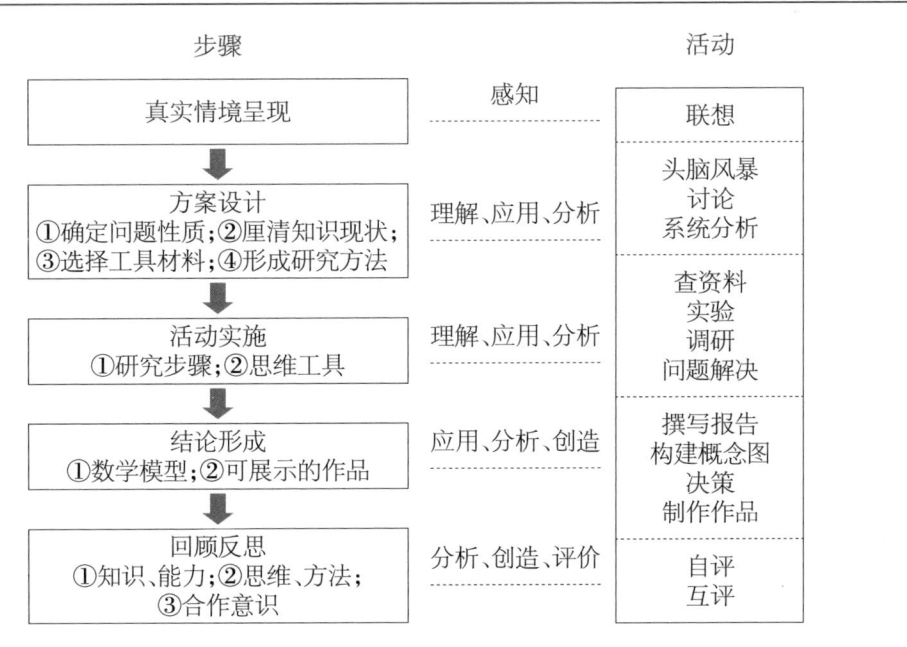

图1-3-3 "在用中学"的学习步骤

3. 结果 ——"学而用之"

学生在解决相应问题之后，会形成相应的知识、能力、经验和情感体验。这样的学习过程正如弗莱登塔尔（Freudenthal）所倡导的"现实的数学"，现实世界的问题促使学生发展知识、形成能力，给学生提供了抽象化、形式化、一般化的机会，同时也加强了学生把知识迁移到新情境的能力。这样的学习体验给予学生"学而用之"的能力和心向。当学生再次面临新的实际问题时，他们首先会链接该问题的有关先前知识，形成初步的想法；而后进一步澄清：哪些已经明确？哪些仍不明白？从而确定下一步学习的步骤、材料、资源；接下来或合作交流，或独立思考，在探究的过程中解决原有学习任务，并不断发现新的学习任务，从而进入下一个"用"与"学"的阶段。

第二章

"因用而学"理念下的小学数学教学设计

当今社会中，知识的实际应用能力日益引起人们的关注。促进学生的深度学习，发展学生的数学实践能力，我们需要更多地从"用"的角度来思考。我们原有的教学，更多的是从"学"本位出发，强调先"学"，而后再"用"。这样的教学观往往容易造成"学""用"断层，导致学生的知识实践能力薄弱。因此，我们从"用"的视角出发，经历从"用"到"学"再到"用"的过程，把"用"贯穿于"学"的全过程，深入数学学科的本质和知识内核，从而让学生形成对知识的深度认识、深度理解、深度体验，促进学生对知识的学习和实践能力的双向发展。

在学习过程中，把知识和实践有机整合起来，才能使"学""用"一致。本章将从单元整体的教学设计、课时视角下的教学设计、以问题为导向的教学设计、由项目驱动的教学设计展开。

第一节 单元整体的教学设计

教材是教师教与学生学的主要依据。小学数学教材聚焦核心主题，以单元的形式编排，并按不同知识点分课时展开。如果从"一课一教"的角度看，教材往往较多地关注课时和细节教学，不太注重单元知识之间的整体联系，这样容易造成点状教学、线性推进、碎片化记忆。在这样的教学之下，学生不仅囿于机械、重复的学习，还难以在本质上理解数学的思想和方法，也难以形成系统的思维，更难以发展核心素养。因此,在教学实践中,教师应形成"为用而学"的目标思维,从单元的视角出发,找到单元的核心概念,根据教学内容在结构上的联系,把握数学的本质和数学的思想,厘清教材中蕴含的核心知识点和应用点,对教学内容进行重组,构建基于单元整体的"用学"项目。

一、分析教材单元,厘清"学"点

现有教材的每个单元,以新授知识、练习及单元复习的学习序列呈现。教师应先分析教材中的每一个知识点,明确其所蕴含的数学本质,再梳理它们之间的联系,使隐性的结构显性化,最后关注教材所蕴含的数学思想,提炼出数学知识的主线和灵魂。从知识和思想两个层面对教材做出系统分析,以厘清"学"点,设计单元整体的教学目标。

例如对《圆》这个单元的整体分析(图 2-1-1)。圆是学生在小学阶段学习的最后一个平面图形,也是平面图形中最为重要的曲线图形。从单元整体来看,本单元分成三大部分,分别是图形概念、图形度量和图形组合。图形概念包括圆的认识和圆的设计,图形度量包括圆的周长和圆的面积,图形组合包括圆与方和扇形的认识。图形概念既是图形度量的基础,又是图形组合的基础。学生对圆的概念有了准确的认识,就能够顺利推导出圆的周长和面积公式,同时为学习圆与方以及扇形的认识打好基础。而图形度量又是图形组合的基础,图形组合是图形度量的实践

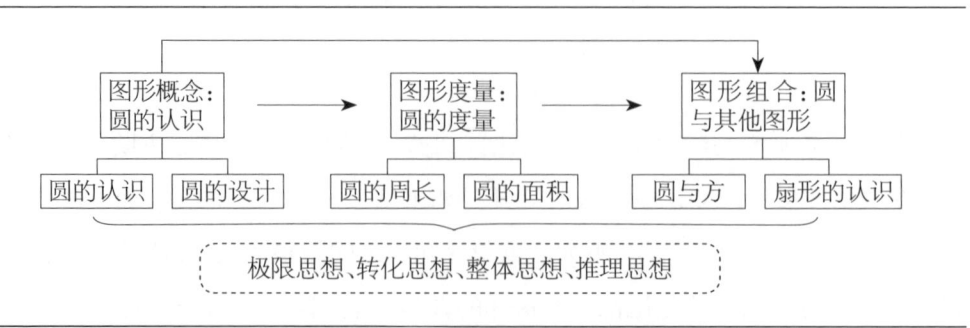

图 2-1-1 《圆》单元整体分析

应用。从单元内隐的数学思想来看,本单元蕴含了极限思想、转化思想、整体思想、推理思想等,教师需要在教学实践中不断挖掘。

对本单元进行了整体的思考之后,教师还需要进一步细化每一个学习内容的"学"点(表 2-1-1)。从认识图形的角度看,一般有图形的直观认识、图形的特征认识、图形的类型认识、图形的要素认识、图形间的关系认识等。在二年级,学生已经完成了对圆的直观认识。而在六年级,学生应更关注要素认识、特征认识和关系认识。

表 2-1-1 《圆》单元的"学"点分析

知识板块	学习内容	核心概念	认识范畴	"学"点梳理
图形概念	圆的认识	一中同长	特征认识 要素认识	通过与其他平面图形的比较,感受圆是一个由曲线围成的图形;通过操作、观察、分析去体会"圆可以看成是到定点距离等于定长的点的集合"的概念
	圆的设计	一中同长	要素认识	尺规作图,进一步认识圆的特征,并运用图形间的关系作图
图形度量	圆的周长	直径与周长的关系	度量认识	探索圆的周长与直径之间的关系,得到圆周长公式
	圆的面积	转化思想推导公式	度量认识	通过将圆转化成已经学过的图形,探索圆的面积公式
图形组合	圆与方	内接正方形 外切正方形	关系认识	探索圆与内接正方形和外切正方形之间的关系
	扇形的认识	与圆的关系	特征认识 要素认识	通过与圆的对比,掌握扇形的特征以及相应的测量方式

二、探寻学习原型,找准"用"点

教育的核心在于引发学生学习的内驱力,让学生成为学习的主人。传统的课堂教学更多地从知识学习开始,从教材的编写意图和预期达成的教学目标来展开教与学。而基于"用"的学习更多地转向学生的真实学习,把学习融入真实的解决问题的过程,培养学生的知识实践能力,既关注学生当下的"用",又关注学生未来的"用"。

"圆的认识"一课聚焦图形概念,因此教师需要整理的"用"点有自然界中的各种圆形、人类设计的各种圆形物品、人们在活动中画出的各种圆等(表 2-1-2)。通过这些不同类别的圆,学生能建立圆的概念,找准生活的原型。

表 2-1-2 "圆的认识"一课的"用"点分析

内容	"用"点举例	
自然界中的圆	波纹	从自然界的圆中感受圆的特点
	年轮	
	光圈	
人类设计的圆	(轮胎)	人们利用圆的特性,设计了各种圆形的物品

续表

内容	"用"点举例	
人类设计的圆		人们利用圆的特性,设计了各种圆形的物品
画圆的方法	花样滑冰	从各种画圆的方法中体会圆的特征

注:图片来自教材及网络。

在"圆的周长"和"圆的面积"的教学中,教师一方面要引导学生运用已有的知识探索新的知识,通过对圆与正方形、正六边形的关系进行猜想,确定圆周长和圆面积的大致范围;通过操作、观察、推理,得到相应的结论;用以直代曲的方法测量圆的周长,把圆形转化成熟悉的平面图形,进而推导圆的面积公式,从中感受极限思想、推理思想和转化思想。另一方面,教师还要引导学生运用圆的周长和面积的公式来解决生活中的相关问题,体会数学与生活的联系。

表 2-1-3 "圆的测量"一课的"用"点分析

内容	"用"点举例	
圆的周长	(圆与外切正方形、内接六边形示意图)	通过圆与外切正方形、内接六边形的关系,确定圆周长的范围
	(滚动圆测量周长示意图)	通过滚一滚或者绕圆一周的方法,测量出圆的周长,从而找出圆周长和圆直径的关系
	(自行车与小明图示:这辆自行车后轮轮胎的半径大约是33 cm。这辆自行车后轮转1圈,大约可以走多远?小明家离学校1 km,后轮转480圈够吗?)	生活中圆形物品周长的测量

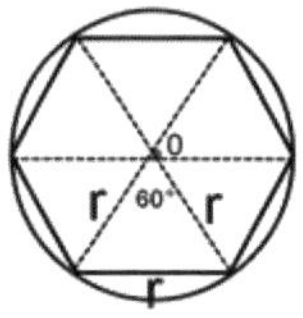

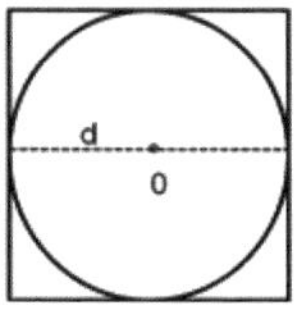

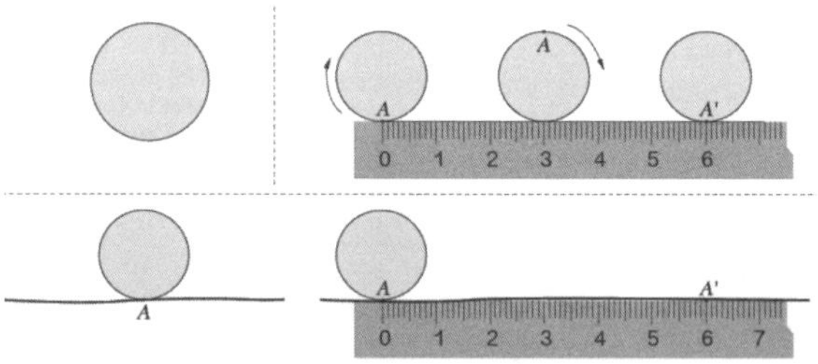

续表

内容	"用"点举例	
圆的面积	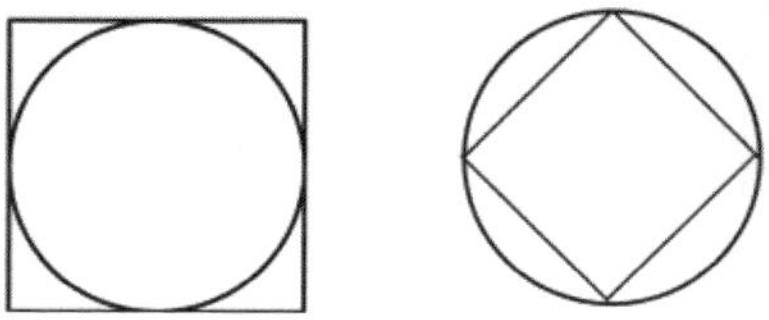 (圆与外切正方形、内接正方形图示)	通过圆与外切正方形、内接正方形的关系,确定圆面积的范围
	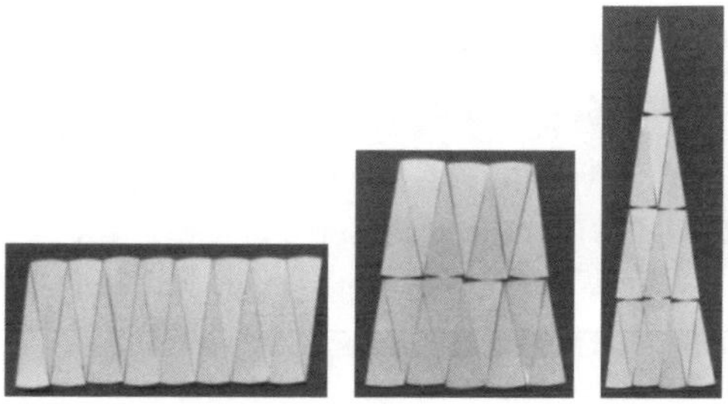 (圆转化为近似长方形、梯形、三角形图示)	通过把圆形转化成熟悉的图形,推导圆的面积公式
	 (测量圆形草坪面积情境图:每平方米草皮8元。这个圆形草坪的占地面积是多少平方米呢?)	生活中圆形物品面积的测量

注:图片来自学生操作、教材及网络。

"圆的组合图形"一课中,教师可以从大量的生活实例出发,让学生体会方、圆在中国传统文化中的意蕴,同时探索圆的内接正方形和外切正方形与圆的面积的关系,从而形成解决圆的组合图形问题的方法和策略;接着可以通过大量的生活例子,引导学生发现扇形的特征,以及扇形和圆形之间的关系。

表 2-1-4　"圆的组合图形"一课的"用"点分析	
内容	"用"点举例
圆与方	中国的窗花中大量存在圆中方、方中圆的图案。通过对这些图案的分析、计算、归纳,探索圆与方之间的关系
扇形	对生活中的扇形图案进行抽象,建立扇形的概念

注:图片来自教材及网络。

针对单元内容中的每一个知识点,教师须分别找到相应的"用"点。这个"用"点可以是生活中的原型,也可以是探究活动的支点。这个"用"点是助推学生建构概念、探寻规律、形成能力的重要素材,为教师下一步实施项目组合打下了基础。

三、实施项目组合,形成"用学"单元

分析教材,厘清教材蕴含的核心知识点,优化单元的内部结构,使教材的逻辑结构显性化,让教材资源更好地服务于学生的数学学习;关注学生,找准学习的"应用点",循着学生的思维逻辑,追求教学与教材逻辑的契合,从而形成教学逻辑。这样的设计思路,从教学内容的逻辑基础、学生的学习基础、学习方法的迁移、学习任务的不断递进、数学思想方法的逐步达成等多角度出发,规划了整个单元的内容,确立了单元目标。在此基础上,教师可将单元目标体现在课时学习中,同时通过课时目标的达成来促进整个单元目标的落实。

例如《圆》单元,经过学科知识分析、应用背景分析之后,可实施项目组合,从而形成"用学"单元(图 2-1-2)。

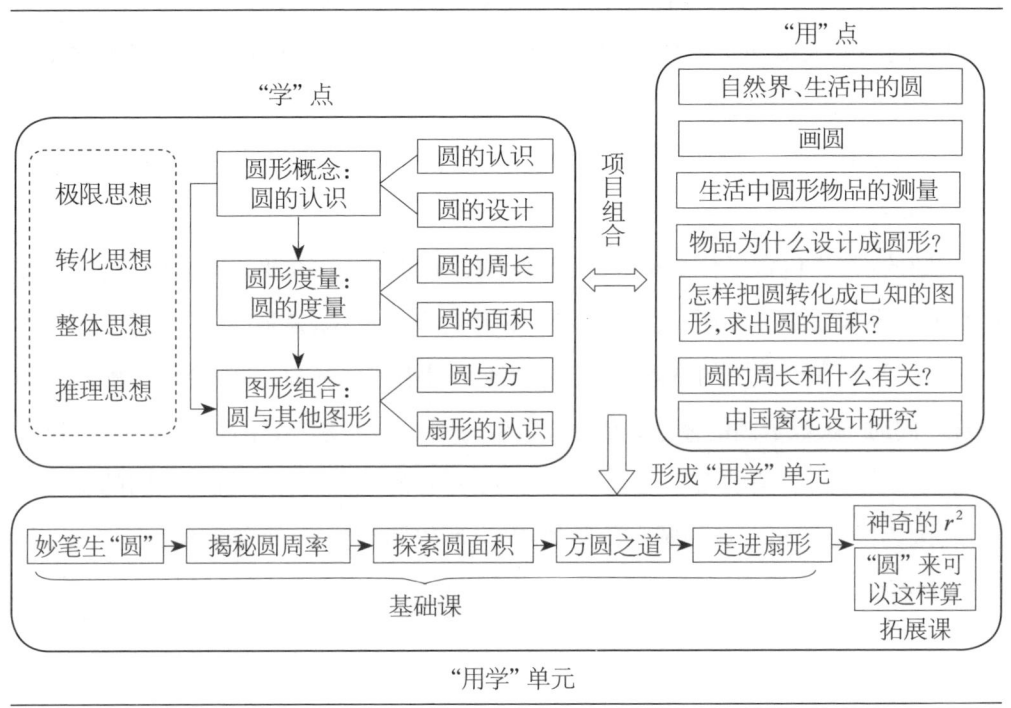

图 2-1-2 单元整体的"用学"项目开发流程图

第二节 课时视角下的教学设计

从单元整体的教学设计,到课时视角下的教学设计,"用学"项目变得更为深入和细化。以整体观构建课时设计,教师须梳理本课时中的知识点,找到知识点之间的关联,把孤立的"点"串联成一个"面",同时找准符合学生认知结构的"用学"素材,基于学生原有的认知经验,让学生经历唤醒、改造、提升、结构化的过程,助推学生对学习概念的深度构建。如"圆的认识"一课,教师可让学生在"用"知识的过程中学习,深入体会圆的概念,理解圆的各部分,学会用圆规画圆,感悟圆的文化意蕴,从而达成对圆的深度理解。

一、精准分析"学"点,构建知识面

一课时的教学内容,包含若干个知识点,这是"教"材,更是"学"材。"教"材到"学"材的转变关键在于把静态的知识转化成动态的结构,让知识呈现逻辑性、关联性。因此,在教学之前,教师需要对知识点做出系统分析。分析"学"点是课时设计的首要任务。需要厘清的是:学习的内容有哪些?哪些是核心内容?各个知识点之间存在怎样的关系?如何把这些点有机整合起来?

"圆的认识"包含了什么是圆、工具画圆、圆的各部分以及圆的文化,这四个知识点的关系如图 2-2-1 所示。"什么是圆"作为概念认识,是最本质、最基本的。学生只有认识和掌握了圆的概念,才能顺利地学习用圆规画圆,并清晰地了解画圆的原理。同时,认识了圆的概念,能促进学生对圆的各部分要素的理解和掌握,反过来更进一步促进对圆的概念的认识。同时,对圆的概念的认识就是对圆的文化的理解,因为圆上的每一点到圆心的距离相等,所以圆是公平、平等的象征。

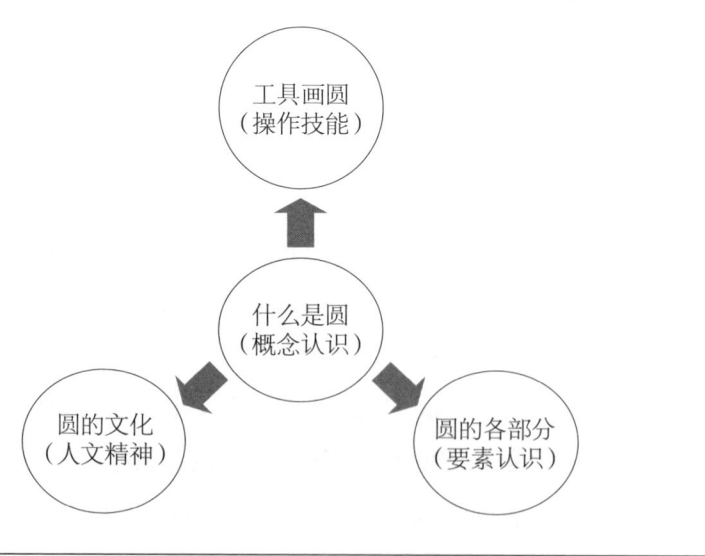

图 2-2-1　"圆的认识"中的各个知识点及其关系

解析清楚各个知识点之间的关系之后,教师还须进一步思考这些知识点的核心概念、认知范畴及其中所蕴含的学习目标,以厘清"学"点,为构建"用学"课时项目打好基础(表 2-2-1)。

表 2-2-1 "圆的认识"知识点分析

学习内容	核心概念	认识范畴	"学"点梳理
什么是圆	一中同长	概念认识	通过与其他平面图形的比较,感受圆是一个由曲线围成的图形;通过探究活动,围绕圆的特点,感悟什么是圆,体会"圆可以看成是到定点距离等于定长的点的集合"的概念
圆的各部分	圆心、半径、直径	要素认识	通过学习验证活动,认识圆的各部分名称和特点,感受数学的极限思想
工具画圆	定点、定长	操作技能	根据圆的特点,学会用圆规画圆
圆的文化	公平、平等、团圆	人文精神	了解圆所蕴含的文化,渗透德育,提高民族自豪感和文化自信

二、巧妙定位"用"点,打通经验链

学生在生活中碰到大量的自然现象、生活用品、游戏活动,这些都是学习的原型。教师要深入挖掘这些学习原型,把学生学习的起点和经验探准,以此作为展开"用学"活动的重要素材。搜寻相关素材之后,教师还须对这些素材进行分类整理,从数学的角度思考、分析其中包含的学习价值,为教学做好相关的准备。

"圆的认识"一课中,自然界中的圆让学生朴素地体会到圆有一个中心,并向四周发散开去。生活中各种圆形物品让学生体会到圆的不同价值,如圆形车轮使车辆行驶稳定、圆桌代表团圆、圆桌会议有平等的意思等。各种不同的画圆方法,深刻揭示了圆的特征 —— 无论是圆规画圆,还是体育老师、数学老师画圆,都体现了"一中同长"的简单道理。而游戏中的圆形队列,从等距想到公平,促进了学生对数学概念的建构。

内容	"用"点举例	
自然界中的圆	光圈	以太阳为中心,阳光向四周发散出去,形成一个圆形的光圈
人类设计的圆		人类设计的圆形车轮,把车轴安装在圆心上,车轴到边缘的距离相等,车子稳定行驶
		圆形的桌面,每一个人到桌面中心的距离都相等
		井盖做成圆形,一方面最省材料,另一方面放置最稳定
画圆的方法		用圆规画圆,针尖的位置是圆心,两脚之间的距离是半径
		数学老师在黑板上画圆,拇指所定的位置是圆心,两指之间的距离就是半径

表 2-2-2 "圆的认识"一课的"用"点分析

续表

内容	"用"点举例
画圆的方法	教师在操场上用竹竿画圆,教师的位置就是定点,竹竿的长度就是定长,所形成的轨迹就是圆
	花样滑冰运动员表演,中间的人是定点,两人之间的距离是定长,所形成的痕迹就是圆（花样滑冰）
	画素描时,通过对正方形不断切割而形成了圆,体现了"圆出自方"的说法
游戏中的圆	在游戏中,为了让每一个人到目标物的距离相等,采用圆形队列,因为圆形队列最公平

注：图片来自教材及网络。

三、实施项目组合，形成"用学"课时

完成对课时内容的"学"点分析和"用"点探寻，可以实施项目组合。通过游戏中的圆和各种不同的画圆方法，围绕"三个套圈游戏，哪种队形最公平？""怎样在操场上画一个圆？"这两个问题，教师引领学生一步步深入思考，理解墨子所说的"圆，一中同长也"；之后开展画圆实践、微课学习，引导学生进一步理解圆的特征

以及圆的各部分；最后围绕人类设计的各种圆形物品，让学生在体会圆的特征的同时，感受圆的人文精神。

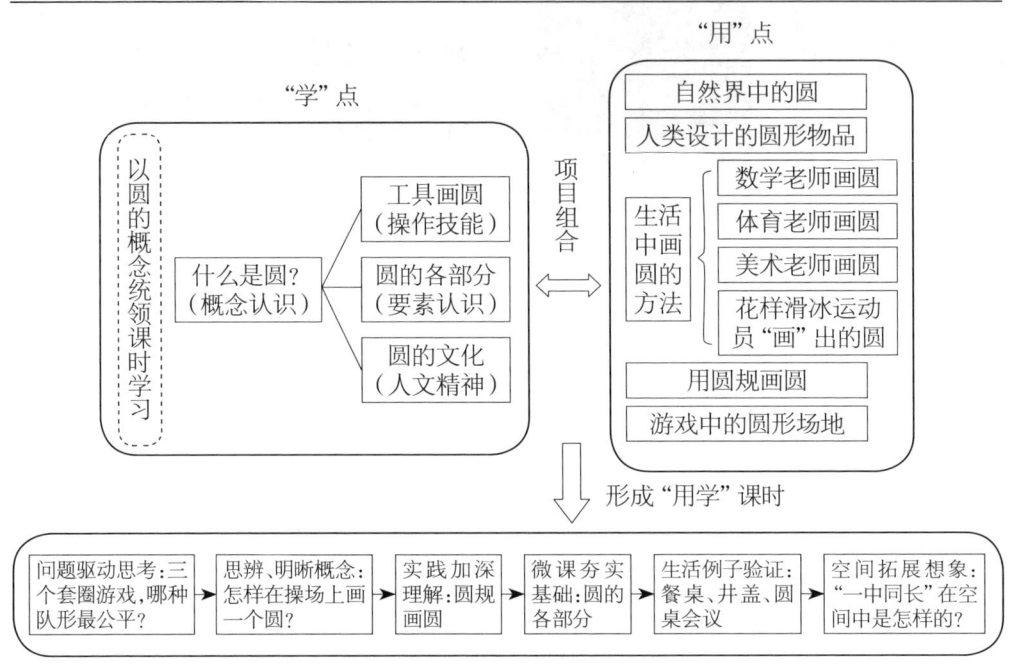

图 2-2-2　课时视角下的"用学"项目开发流程图

第三节　以问题为导向的教学设计

学生在生活中更多接触到的是实际问题。如何把生活问题数学化？这是此类"用学"项目开发的关键。这就需要学生从数学的眼光观察，经历应用数学思想和方法的过程，寻求对现实世界现象的认识和理解。经历这样的学习过程，学生形成的是一种意识，一种能敏锐地把实际问题抽象成数学问题的意识；同时也能形成一种思想方法，一种能够借助数学分析、推理等寻求数学结构的方法；更能形成一种综合能力，一种能够综合运用所学知识，活学活用的能力。我们根据鲍建生教授提出的数学问题的选材背景的四个层次,即无背景、个人生活、公共常识和科学情境,对真实情境进行类型分析,找出情境背景知识点,从而开发学习资源,设计学习单元。

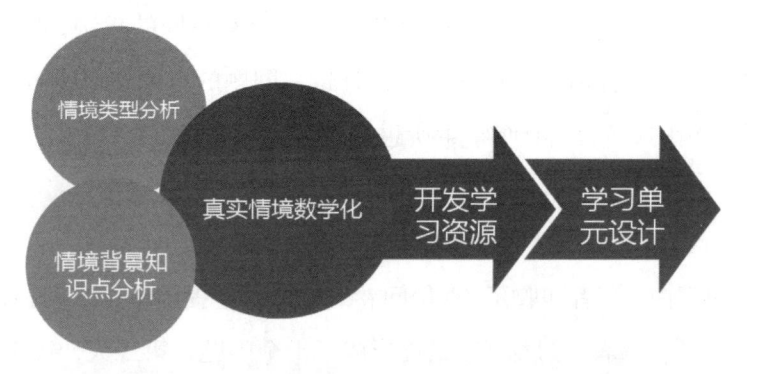

图 2-3-1　以问题为导向的"用学"项目开发流程图

一、真实情境数学化,生成学习问题

教育的核心是触发学生学习的内驱力,把"要我学"变为"我要学"。在传统的课堂教学中,教师引导学生提出的问题,都是根据教材的编写意图和预期达成的教学目标来设计的,这些问题并不一定是学生内心深处真正的疑问。只有把质疑的权利交给学生,才能激发他们真正的学习动力。"用学"项目就来自学生的基于真实情境的问题。我们可以根据现实情境,引导学生质疑,然后梳理共性问题,确定项目的主题和内容。

例如"疫情中的数学"这一"用学"项目的设计就经历了真实情境数学化的过程。项目的生成缘于学生的一个问题:"我们为什么要宅家?"面对突如其来的疫情,每一个学生对这个真实的问题必定有自己独特的感受,他们的头脑中存在着各种各样的问题。教师需要把这些问题收集起来,然后通过头脑风暴,聚焦问题,形成"用学"项目。面对这一现状,笔者开始思考:如何搜集每一个学生的问题?怎样清楚地了解哪些问题是学生感兴趣的共性问题?共性问题的解决涉及哪些数学知识,该如何展开研究?笔者通过以下三个环节最终确定了项目学习内容。

1. 无边界敞"问"

通过网络平台,笔者向全班学生推送了同一个问题:"面对新冠肺炎疫情,你想知道什么?"这是一个开放性问题,不同的学生会有不同的想法,但由于大背景是新冠肺炎疫情,又会出现共性话题。设计这一问题的目的在于了解每一个学生对新冠肺炎疫情的疑问,只有听学生所想,才能解学生所疑。

2. 聚焦点供"选"

一天的时间内,笔者回收了40份问卷。有的学生提出了一个问题,有的学生提出了多个问题。笔者经过梳理,最终形成了十个问题。第二天,笔者向40名学生推送了问卷调查,要求学生从十个问题中选择自己比较感兴趣的问题,可以多选。这样做的目的是逐步缩小研究问题的范围,运用网络统计全班40名学生的共性问题。

问卷调查

☐ 1. 为什么我们要宅家?
☐ 2. 什么时候可以开学?
☐ 3. 小区内消毒如何进行?
☐ 4. 家中口罩不够了怎么办?
☐ 5. 宁波每天确诊病例增长情况怎么样?
☐ 6. 为什么实行每户家庭每两天才可以出去一个人的规定?
☐ 7. 如何配置浓度为75%的酒精?
☐ 8. 新冠病毒是怎么样的?
☐ 9. 疫情期间,人们是怎样过春节的?
☐ 10. 新冠肺炎隔离期14天是怎么算的?

3. 巧整合定"点"

通过问卷调查的推送,从无边界畅"问"到定向选择,逐步缩小范围,聚焦核心问题。然后,笔者搜索相关素材,解读每一个问题背后链接的数学知识,整合成三大系列,最终确定了"疫情中的数学"项目学习内容,如表 2-3-1 所示。

表 2-3-1 "疫情中的数学"项目学习内容

生活情境	情境类型	数学问题	数学知识点	研究方法
我们了解新冠病毒吗?	科学情境	新冠病毒有多大?	长度、体积	资料查阅、比较研究
		新冠病毒的致死率是多少?	百分数、问题解决	数据收集、计算
		你能比较新冠病毒与其他病毒吗?	统计	数据收集、统计图表
疫情期间,我们为什么要宅家?	公共常识科学情境	新冠病毒的传播有多厉害?	几何倍增、线性增长	数据收集、探索规律、统计图表
		你能用数据分析宁波的疫情情况吗?	统计	数据收集、统计图表
		你能用数据说明疫情下的春节有什么不同吗?	统计、问题解决	数据收集、计算
关于防疫,我们能做些什么?	个人生活科学情境	你能用统筹法安排自己的生活吗?	优化	设计方案、实际运用
		你能解决口罩的需求问题吗?	统计、问题解决	数据收集、计算
		如何配制浓度为75%的酒精?	百分数、浓度	设计方案、实际运用

二、生活问题教学化,厘清教学实践路径

生成项目之后,教师还需要进一步思考教学的实践路径,从核心知识、本质问

题、驱动问题、认知策略、学习实践、学习成果、学习评价等各个方面进行思考,形成整体设计。图2-3-2是以问题为导向的"用学"项目设计流程图。

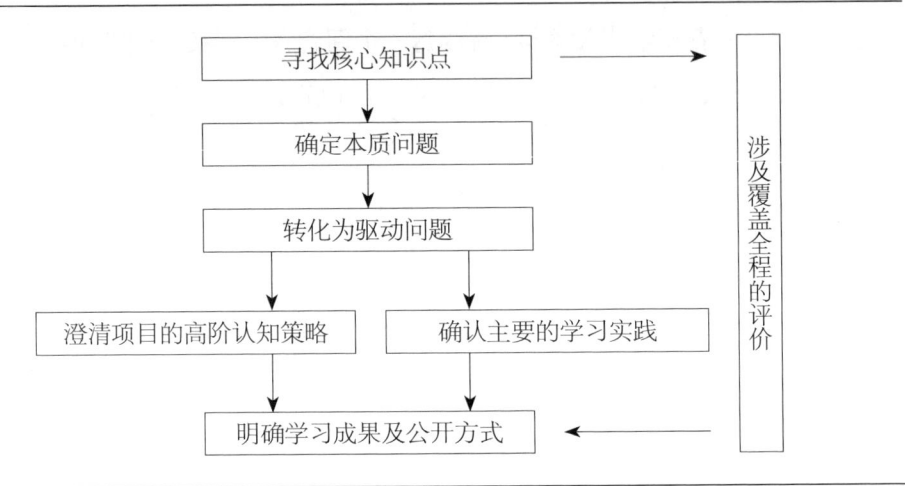

图2-3-2 以问题为导向的"用学"项目设计流程图

"自行车里的数学"是在学生学习了《比例》单元后编排的综合与实践活动,活动以自行车"蹬一圈能跑多远"为研究问题,主要探索"前后齿轮比与自行车蹬一圈行进路程"之间的关系。教学时如果按照教材直接呈现研究问题,引导学生进行探索,会缺少让学生自主发现问题、提出问题的过程。直接呈现问题还会让研究的内容仅限于前、后齿数的比值上,缺少对所涉及知识的综合应用的探究。为此,教师对该活动进行了改造,把"自行车里的数学"改为"自行车的哪些设计与速度有关"[1]。具体步骤如下。

1. 寻找核心知识点

(1)主要知识点:应用图形的特征解释生活现象的原理;应用圆的周长公式解决生活中的实际问题;运用比例的知识解决实际问题。

(2)学科关键概念或能力:模型意识、应用意识、运算能力、创新意识。

---

[1] 本案例发表于《教学月刊·小学版》2021年第12期。

2. 确定本质问题

基于对核心知识点的准确定位,确定学习的本质问题有:自行车的哪些设计与速度有关?影响自行车速度的原理是什么(从数学的角度说明)?如何猜想、论证自己的观点?

3. 转化为驱动问题

汤姆的自行车被朋友偷偷改造了,车把的连接杆上被焊接了一个齿轮,导致这辆自行车无法正常行驶。如果要设计一辆稳定又快速的自行车,你觉得可以怎么设计呢?

4. 澄清项目的高阶认知策略

解决问题:从比较复杂的问题中收集相关信息,在各种限制条件下解决问题。

系统分析:以整体最优为目标,对事物的各个方面进行定性和定量分析,为决策提供所需的信息和证据。

决策:形成对研究问题的结论与判断。

5. 确认主要的学习实践

从驱动问题入手,驱动学生不断思考、探索,从纷繁的表面现象中抽离出数学问题,形成研究序列(其中包含探究性实践、社会性实践和调控性实践)。

表2-3-2 "自行车的哪些设计与速度有关"问题分析

驱动问题:自行车的哪些设计与速度有关	对应知识点
子问题1:车轮的形状为什么设计成圆的?	圆的认识
子问题2:车轮大小的设计有什么奥秘?	圆的周长
子问题3:车架、车座、车把的形状为什么设计成近似三角形?	三角形的认识
子问题4:齿轮的设计与速度有什么关系?	比例

探究性实践:根据给定信息提出数学问题,澄清必要的数学条件和步骤;形成问题解决方案;进行猜想、论证,得出结论;对所得到的数学结论进行合理的解释,

表达自己的观点。

社会性实践：分成项目小组，形成小组分工和职责表；积极倾听他人的观点并给出回应。

调控性实践：制订问题解决方案；反思问题解决步骤。

6. 覆盖全程的评价

在项目实施的过程中，关注学生知识、能力的达成度，关注学生的研究方法与状态，关注研究成果，关注学生在研究期间表现出来的情感、态度和价值观。同时，让学生开展自评与互评，总结、梳理学习的全过程，推动综合能力的提升。

表2-3-3 "自行车的哪些设计与速度有关"评价量表

标准	3分	2分	1分	得分
我（他）的猜想符合研究内容	完全符合	基本符合	有所涉及	
我（他）完成了"齿轮的设计与速度有什么关系？"研究任务	严谨高效	独立完成	需要帮助	
我（他）能分析数据，分享想法	思路清晰，表达准确	思路准确，表达一般	积极思考	
我（他）能理解"齿轮的设计与速度有什么关系？"	完全理解	基本理解	略有所悟	
课堂表现	我做到了专心倾听，勇敢表达，还发现了他人的优点	我做到了专心倾听，勇敢表达	我做到了专心倾听	
合计				

7. 形成学习活动流程

综合与实践活动，是学生从知识的理解走向行动释解的最好途径。学生基于原有的知识储备，面临新的数学活动，形成自己的独特的解决问题的思路、方法、成果，从而提升了对数学的独特感受。这种感受来自用数学的眼光观察世界的意识，来自用数学思维分析世界的体验，来自用数学语言表达世界的经历。通过"情境呈

现 — 方案设计 — 活动实施 — 结论形成 — 回顾反思",学生经历了一个完整的项目活动过程,培养了核心素养。

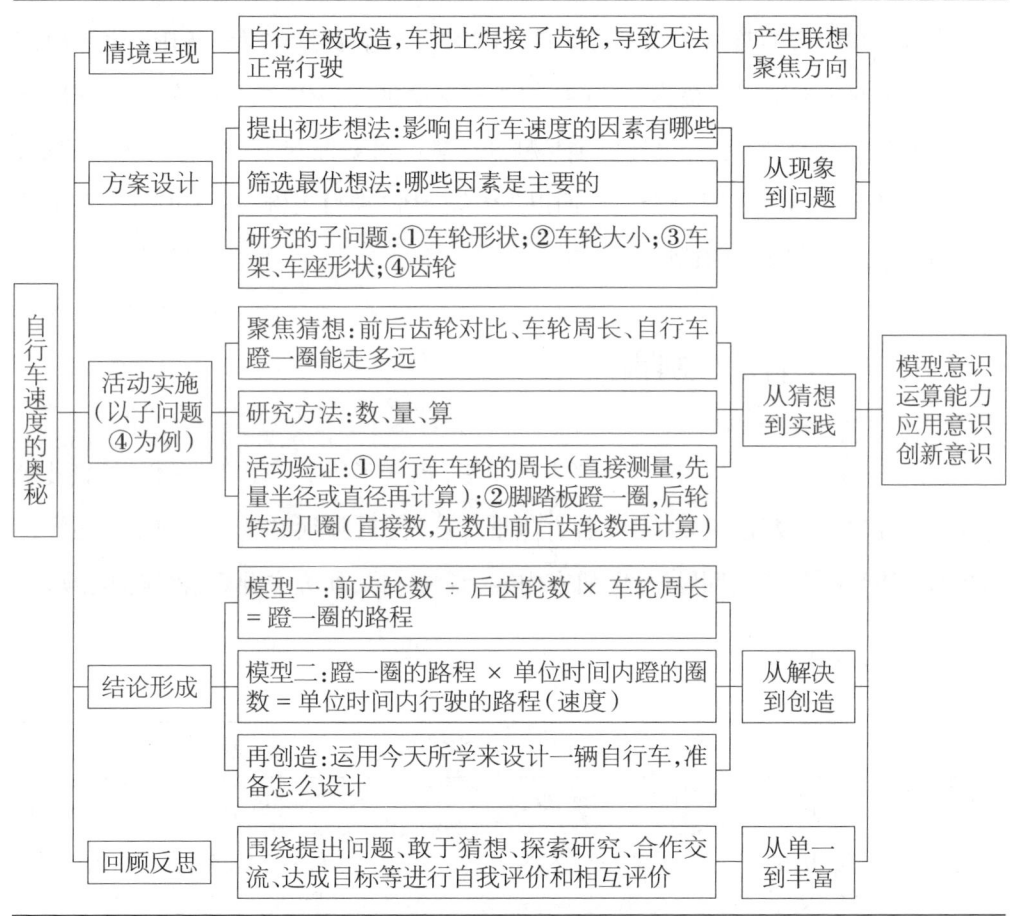

图 2-3-3 "自行车的哪些设计与速度有关"学习流程

第四节 由项目驱动的教学设计

学生在实际生活中接触的真实的世界,具有很强的综合性和复杂性,其中所蕴含的不仅仅是某一学科的知识,而是多学科维度的知识。因此,设计跨学科的"用学"项目,具有独特的意义。教师通过现实问题的呈现,对学科内涵进行深度分析,设计有梯度的子问题,形成反映学科核心内容的项目活动。项目活动立足主题,提炼大概念,反映学科核心内容或者思想方法,打破课时、教材等限制,帮助学生形成对知识块、知识群的整体认知。跨学科"用学"项目能够打破学科界限,将零散割裂的、封闭的科学知识统整为系统的、多学科融合的知识体系,拓展知识的深度和广度。在项目实施中,系统设计思维是精髓。教师需要拥有一个整体的大知识观,推进知识进阶升级和学科融合。下面以"家乡的塔"项目为例,这个项目是基于千年唐塔而设计的"用学"项目。

一、梳理项目的学科内涵

"家乡的塔"项目,以"塔"作为学习的主题,融合了语文、数学、美术、信息技术等学科,各学科内容相互关联,又各有侧重。首先,教师须对该项目的学科内涵进行梳理,围绕学科维度、问题维度、研究内容、研究目标、研究主题等,整体构建项目。

1. 分学科梳理

表 2-4-1 "家乡的塔"项目分析

学科维度	问题维度	研究内容	研究目标	研究主题
语文	塔的历史 塔的文学作品	了解有关塔的历史、故事、文学作品等	通过了解有关塔的历史文化,感受塔的意境	塔的前世与今生
数学	塔的层数、面数 塔的大小、比例	从塔的数学结构入手,揭示美的密码	通过了解塔的大小以及比例,感受塔的设计的精准	揭示塔中的数学密码
美术	塔的大小、比例 塔形建筑造型	汲取塔的造型思路,设计学校的标志性建筑	通过设计塔形建筑,体会塔的美	标志性建筑的设计
信息技术	塔的层数、面数 塔的大小、比例	用 3D 打印实现模型的构建	通过构建 3D 模型,体会塔的实用价值	塔的 3D 模型的构建

2.形成学习项目

围绕"家乡的塔"这一主题,明确各个学科的研究方向,形成了四个子项目,构建整个项目的框架。

主项目:校园旁矗立着一座千年唐塔,与我们的校园相依相伴。古塔历经千年而岿然不动,无论从哪个角度观看,都透露着无尽的美感。让我们走近它,去探索、研究。

子项目1:了解塔的前世今生

带着调查表走近古今中外的塔,了解有关塔的历史、故事、文学作品等。调查之后,大家交流得到的信息,对塔有一个全面的了解。

表2-4-2 "家乡的塔"学生调查表			
塔名	地点	朝代	相关信息

子项目2:唐塔中的数学密码

从数学的角度观察、测量、计算、比较,探索唐塔中的数学密码。

表 2-4-3 "揭示塔中的数学密码"活动设计

	探索一	探索二	探索三	探索四
探索主题	塔的层数和面数的特点	塔的底面边长和高度的关系	塔的每一层的高度、宽度的变化规律	壶门的高度与塔的每一层高度的关系
验证策略	①直接数一数塔的层数和面数 ②查阅相关资料	①测量塔的底面边长和高度 ②计算它们的比值	①测量相应的高度和宽度 ②计算,根据数据增减变化,得出规律	①测量壶门高度和塔的每一层的高度 ②计算它们的比值

子项目 3：设计学校的标志性建筑

宁波市海曙中心小学建在天宁寺遗址边上,校园与天宁寺塔相依相伴。因此,唐塔是海曙中心小学历史与文化的象征。结合唐塔的建筑元素,给海曙中心小学设计一个标志性建筑,体现学校的文化内涵。

子项目 4：制作一个塔的 3D 模型

学生根据自己设计的学校标志性建筑的效果图,构建 3D 图纸,使平面设计立体化。把平面的设计构想变成立体模型,完整地呈现作品。

二、分项目构建学习目标

整体构建了"家乡的塔"项目后,学生分项目开展实践学习。其中"子项目 2——唐塔中的数学密码",从数与形相结合的角度,确定了以下的目标。

1. 识记 —— 了解塔的历史、文化以及塔中简单的数学信息。

2. 理解 —— 发现塔的层数、面数的寓意；通过观察、猜想、测量、计算、分析等活动,发现塔中各部分之间的关系,揭示美的数学密码。

3. 应用 —— 能用学到的数与形之间的关系的知识来观察生活。

4. 创造 —— 能根据所探究到的数学规律指导创造活动 —— 建筑的平面设计。

三、构建项目的实施路径

1. 项目整体实施流程

语文（意）
·塔的历史
·塔的作用
·文学作品
数学（精）
·层数、面数
·高度、对径
·各层关系
美术（美）
·塔形元素
·设计建筑
·分享交流
信息技术（建）
·要素关系
·构建模型

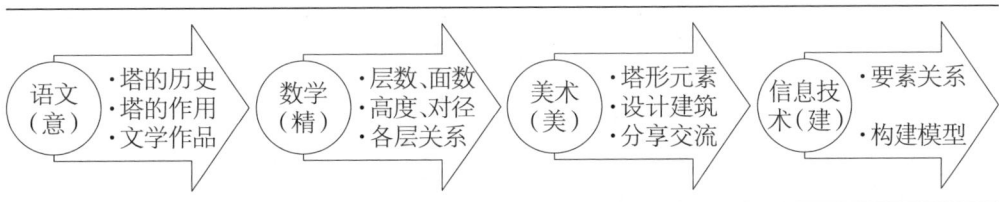

图 2-4-1 “家乡的塔”项目流程图

2. 子项目 2 学习流程

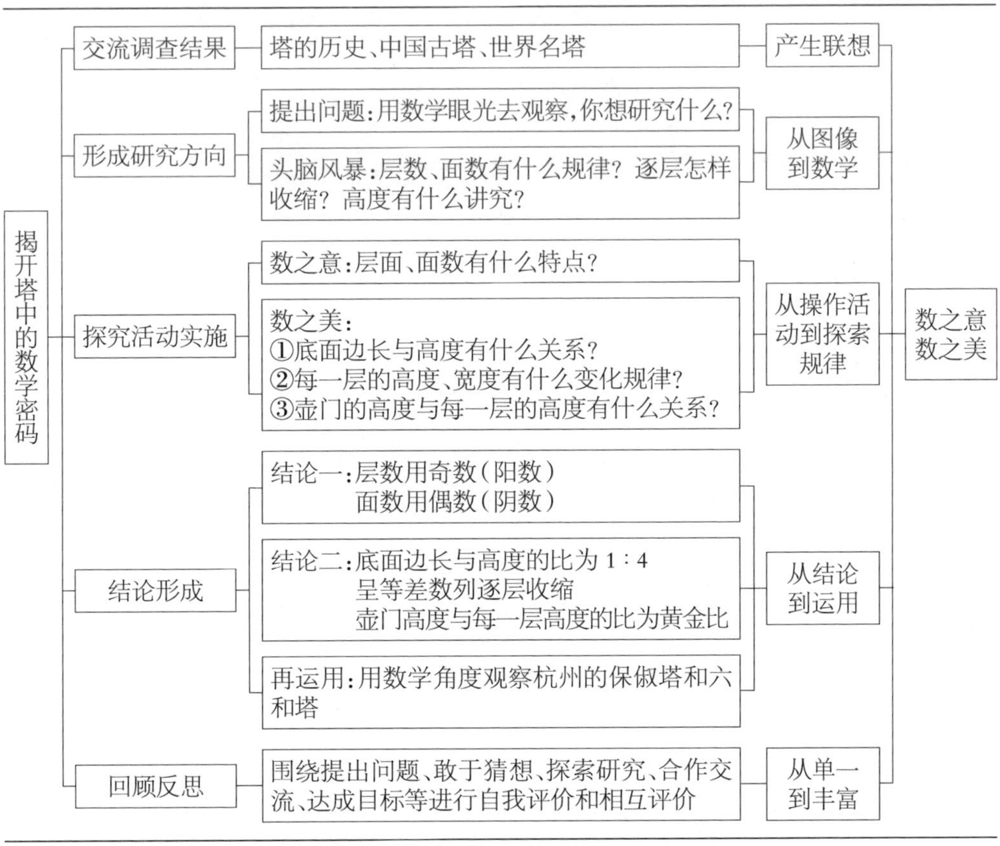

揭开塔中的数学密码
交流调查结果
塔的历史、中国古塔、世界名塔
产生联想
形成研究方向
提出问题：用数学眼光去观察，你想研究什么？
头脑风暴：层数、面数有什么规律？逐层怎样收缩？高度有什么讲究？
从图像到数学
探究活动实施
数之意：层面、面数有什么特点？
数之美：
①底面边长与高度有什么关系？
②每一层的高度、宽度有什么变化规律？
③壶门的高度与每一层的高度有什么关系？
从操作活动到探索规律
数之意
数之美
结论形成
结论一：层数用奇数（阳数）
面数用偶数（阴数）
结论二：底面边长与高度的比为 1∶4
呈等差数列逐层收缩
壶门高度与每一层高度的比为黄金比
再运用：用数学角度观察杭州的保俶塔和六和塔
从结论到运用
回顾反思
围绕提出问题、敢于猜想、探索研究、合作交流、达成目标等进行自我评价和相互评价
从单一到丰富

图 2-4-2 “家乡的塔——唐塔中的数学密码”学习流程

第三章

"因用而学"理念下的小学数学教学策略

"因用而学"强调学生对知识的实际运用能力,发展学生的实践能力,培养学生的创新精神和问题意识。《义务教育数学课程标准(2011年版)》指出:"教学中注重结合具体的学习活动,设计有效的数学探究活动,使学生经历数学的发生发展过程。"在教学中,教师应致力于让学生学会对生活问题进行数学化思考,然后引导他们经历活动,实现思维内化,最后达到数学知识生活化应用的目的。建构主义学习理论指出,高级的心理机能来源于外部动作的内化,内在的智力活动也会外化为实际动作,使主观见之于客观。根据学生的学习心理,本章提出两条内化策略,分别是数学模型的抽象策略、数学探究活动的建构策略;两条外化策略,分别是数学错误资源的挖掘策略、数学实践应用的创造策略。

第一节 数学模型的抽象策略

学生在进入学习之前,或多或少带有一些认知,可能是生活中的经验,可能是对新知识的一种数学直觉,当然也可能是在以前学习中积累的方法策略。正如《义务教育数学课程标准(2011年版)》指出:"教师教学应该以学生的认知发展水平和已有经验为基础,面向全体学生,注重启发式和因材施教。"因此教师在教学时,应找准学生已有的概念原型,创设一个个生动活泼、合情合理的生活或数学情境,激活学生已有的生活经验、数学直觉、方法策略。而后,通过学生的活动操作及其对核心问题的思考，引导学生从数学的眼光观察，找到生活原型与数学模型的链接点，总结提升，帮助学生将一个个要探究的概念与熟悉的生活原型联系起来，实现数学知识从原型到模型的抽象。

一、前序经验的链接策略

学习信息加工论认为，学习的过程就是一个信息加工的过程。丹博（Dembo）以大脑的信息加工的过程为基础，提出了一个具体的有关学习的信息加工过程的模式。[1] 外部刺激信息先进入感觉登记器，而后进入工作记忆；工作记忆中主要有注意、操纵信息，以及组织和帮助信息提取等。从图3-1-1中可以看出，在工作记忆中，"执行控制"表示已有经验对现在学习过程的影响。人们生成对所知觉事物的意义，总是与他们以前的经验相结合的。人脑不是被动地学习和记录输入的信息，而是主动建构新的信息、新的知识。从这个角度讲，关注学习的前经验、前概念，会对学习产生积极的作用。

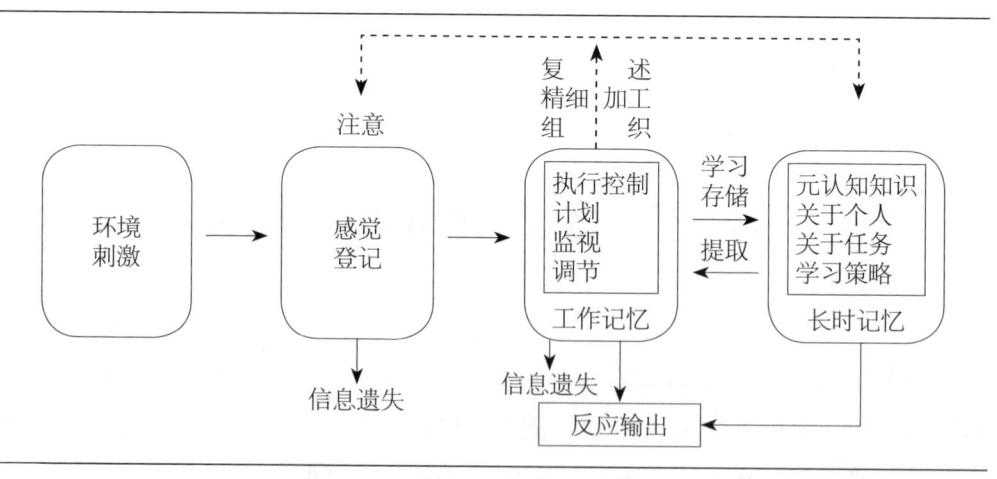

图3-1-1 学习的信息加工模式

（1）陈琦，刘儒德．当代教育心理学[M]．北京：北京师范大学出版社，1997：184．

链接策略之一,关注生活经验。学生在进入学习之前,都带有一些生活认知,这些认知或许能够促进概念的生成,或许会起到反向的作用。下面以"认识三角形的高"一课中的一个教学片段为例。

材料: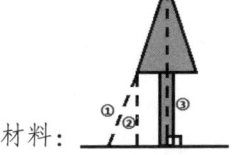树高( )米?

问题1:琳琳想知道这棵树有多高,她要量①号、②号还是③号线段?

结论:量③号线段,树高是树顶到地面的垂直线段。

问题2:台风来了,树被吹倒了,这时树高是变高了、变矮了还是没变?

结论:不管树是怎样的,树高都是树顶到地面的垂直线段。

从上面片段中我们可以看出,学生认识三角形的高,它与生活中的高有一致的部分,又有不一致的地方。第一个问题,学生通过调动已有的经验,明确了树顶到地面的垂直线段就是树的高。教师于是提出第二个问题,即如果树被吹倒了,这时树的高指的是什么,让学生再次明确了树的高是什么。连续两问,不仅巧接了学生的原经验,更提升了学生的数学认知。

链接策略之二,关注思维经验。学生原有储备中除了知识,还有思考问题的方法。因而,我们应引导学生在学习新知的过程中,把已有的方法迁移到新知识的学习、新概念的建构中去。

例如,平行四边形的面积公式推导,是通过割补法把平行四边形转化为长方形,找到图形间的联系,从而推导出面积公式。在公式的推导过程中,面积守恒是前提,转化是重要的思想方法。

师:大家通过动手操作,把平行四边形转化成了长方形,请大家来交流一下。

生1:沿着平行四边形的一条高将平行四边形剪开,再平移,就把平行四边形转化成了一个长方形。

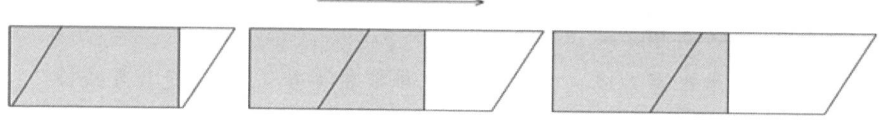

生2：我们还可以沿着不同的高将平行四边形剪开，再平移，将其转化成长方形。

师：仔细观察转化后的长方形和平行四边形，它们之间有什么联系？

生1：长方形的长就是平行四边形的底，长方形的宽就是平行四边形的高。

生2：长方形的周长和平行四边形的周长不一样。

生3：转化后的长方形和原来的平行四边形面积相等。

师：对呀！这是一个很重要的前提，我们正是把平行四边形转化成了面积相等的长方形。

又如，研究三角形和梯形的面积。这时思维方法的迁移显得尤为重要。学生需从转化的角度去思考不同的问题，进行思维方式的调整。可以把两个完全相同的三角形或梯形拼成平行四边形，其本质就是构造一个图形，通过计算两倍面积来推导单个图形面积的计算公式；或用面积守恒定律进行推导。因此，在推导三角形或梯形的面积公式时，教师应呈现等积变形的方法，引导学生观察转化后的图形和转化前的图形有什么不变的地方，得出它们的面积没有发生变化的结论；求出转化后的图形的面积，也就得出了三角形的面积。

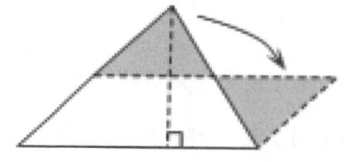 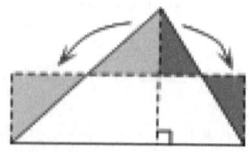 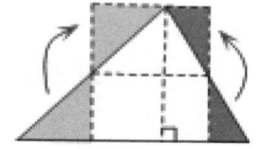

图 3-1-2

两种推导方法都需要学生迁移运用原有的思维方式。不同的问题需要不同的思维方法,这是数学学习的一个重要方面。

二、情境素材的选择策略

创设情境,是教师教学中常用的教学方式,其作用毋庸置疑。"德国一位学者有过一个精辟的比喻:将15克盐放在你的面前,无论如何你难以下咽。但当将15克盐放入一碗美味可口的汤中,你早就在享用佳肴时,就将15克盐全部吸收了。情境之于知识,犹如汤之于盐。盐溶入汤中,才能被吸收;知识需要溶入情境之中,才能显示出活力和美感。"[1]但怎样的情境才是有效的?如何让情境成为学生学习数学知识的有效支架?好的情境指向富有数学意义的内容;好的情境能够激发学生的思考和探究;好的情境能有效关联学生的已有经验;好的情境能够满足不同层次的学习要求。创设合适的情境,一方面,我们要创设学生感兴趣的问题情境,激发学生热爱数学、研究数学的热情,进而使学生产生强烈的学习动机;另一方面,我们必须创设贴近学生生活的真实问题情境,让数学学习置身于学生生活之中,使学生学会用数学的角度理解和认识客观世界。这样的情境能激活学生已有的生活经验、数学直觉、方法策略,帮助学生将一个个要探究的概念与熟悉的生活原型联系起来,实现数学知识从原型到模型的抽象。

在周长的教学中,我们可以看到周长是一个数学概念:"周"即封闭图形一周的边线,"长"即长度。所以把周长的概念放置于纵向的知识体系中,应该走一个从长度到周长的路径。而学生在日常生活中已经积累了大量关于长度测量的经验,比如测量身高、跑道的长度、车辆的限高、人的头围等。因此,对于周长概念的建立,教师需要对学生原有的生活经验和数学直觉进行数学化改造,从而建构起属于学生个体的知识结构。在"周长的认识"[2]一课的教学中,教师创设了给草席制品包边

---

(1) 余文森.课堂教学:远程研修实录[M].上海:华东师范大学出版社,2006:115.
(2) 本课由周静珠名师工作室胡冬南老师教学,具体详见第六章。

的学习情境。课堂上，教师呈现了学生熟悉的草席半成品，形状有长方形、正方形、三角形、圆形、心形、不规则图形等；同时呈现一根根包边线，请学生一起来完成草席制作的最后一道工艺——包边。学生指一指、摸一摸、找一找、包一包，教师则引导学生把包边线，即线段，围起来形成一个封闭的图形。紧接着教师通过"你是怎么包的？""你们的包法有什么共同特点？"等问题引领学生回答"沿着图形的边围一圈""从哪里开始又回到哪里""无论怎么包，都围了图形的一圈"，直指"周"的核心。然后，学生试着测量所需包边线的长度，感受求规则图形的周长只要把 N 条边加起来，而求不规则图形的周长则可以把包边线"拆"下来，化曲为直再进行测量的过程；进而感受图形不同，求周长的方法也有差异的道理。这样的学习情境，使学生在解决生活问题的过程中自然地完成了对经验的改造，在"一围一拆"中，体会了一维线段与二维图形的相互转化的过程，完成了从生活问题到核心概念的抽象。

三、数学问题的设计策略

在学习对象的设计上，不良结构问题值得引起大家的重视。纽维尔和西蒙（Newell & Simon）根据问题的结构特征，将问题分为三种类型，分别是良好结构问题、中等结构问题和不良结构问题。没有清晰的解题途径，并有一定的限制的问题就是不良结构问题。其特征是解法不可预测，通常有多个观点、目的和解法；没有唯一的标准答案，通常只有较满意的解法；需要收集额外的信息。

选取适合学生思维发展，问题虽有条件但条件模糊，问题解决方案多样，同时又具备较强的驱动性、较大的探究空间的不良结构问题，是我们开展"用学"活动一个很重要的环节。如在"导航中的大数据"[1]一课的设计中，教师就设计了这样三个不良结构问题。

问题1：从学校出发去宁波科学探索中心，如何找到最佳出行路线？

（1）本课由周静珠名师工作室岑春丰老师教学。

（学生通过使用导航软件，了解到每条路线都可以切换各种交通工具，每种交通工具下也可以切换不同路线；每条路线中都会有行驶时间、行驶路程、红绿灯数量等数学信息）

问题2：导航中的各类数据是怎么算出来的？

（通过讨论，学生明白导航在计算时间时，会综合考虑行驶路程、行驶速度、红绿灯的等候时间、交通拥堵情况、天气等诸多因素，从而体会到导航软件的背后其实是海量数据的采集与分析。同时了解导航的智能化推荐是根据人们每一次的出行数据，包括时间、目的地、行驶路线等信息，通过分析而自动生成的）

问题3：生活中还有哪些地方用到了大数据？

（通过导航软件，学生对生活中的大数据充满兴趣，如购物软件中的智能推荐、新闻头条的热点推送、扫地机器人的智能打扫等，深刻感受到这些智能化服务的背后都有大数据的功劳）

从上述案例中可以看出，教师围绕"数据分析观念"这一核心概念，设计了三个不良结构问题，带领学生探讨、研究导航中的大数据，把"大数据""云计算"这样的概念带入学生的学习；引领学生不断深入研究，体会生活中的大数据数量庞大、全面真实、高速的特征，从而感受到统计的意义和真实性。

第二节　数学探究活动的建构策略

探究学习是学生常用的学习方式，其作用毋庸置疑。它能够让学生在探究活动中有效地经历知识的建构过程，将知识内化，培养学生解决问题的能力和创新意识。但是，学生内化知识的能力并不是一蹴而就的，需要在日常的学习中不断经历从外到内的探索过程，逐渐形成并积累探究活动经验，从而形成逼近数学本源的美妙感觉。除了为学生创造宽松、和谐、快乐的环境，数学教学的智慧还在于提供具有足够探索空间的学习主题与路径，并留足探究的时间，真正关注学生追寻数学内核的过程。

一、问题化归策略

数学家波利亚用一个烧水的浅显例子说明了在面临复杂的实际问题时应如何进行化归。他说，给你一个煤气灶，一个水龙头，一盒火柴，一个空水壶，让你烧一满壶开水，你应该怎么做？你于是回答：把空水壶放到水龙头下，打开水龙头，灌满一壶水，再把水壶放到煤气灶上，划着火柴，点燃煤气灶，把一满壶水烧开。他说，对，这个问题解决得很好。现在再问你一个问题：给你一个煤气灶，一个水龙头，一盒火柴，一个已装满半壶水的水壶，让你烧一满壶开水，你又应该怎么做？这时波利亚说，物理学家会回答：把装了半壶水的壶放到水龙头下，打开水龙头，灌成一满壶水，再把水壶放到煤气灶上，划着火柴，点燃煤气灶，把一满壶水烧开。但是数学家的回答是：把装了半壶水的水壶倒空，就化归为刚才已解决的问题了。因此，在学习活动中，教师要带领学生思考如何把复杂的问题化归成简单的问题，把未知的问题化归成已知的问题。在"图形的奥秘"[1]一课的教学中，学生围绕"在长方体上切一刀，会切得怎样的截面？"这一问题展开研究，从已知入手，逐层递推，最终得出研究的结论。

表 3-2-1　"图形的奥秘"研究过程

步骤	问题	与已知的关系	结果
①	截面是长方形	前、后、左、右、上、下垂直地切，得到长方形截面	只要沿着长方体的一个面垂直地切，得到的截面就是长方形

（1）本课由周静珠名师工作室叶盈盈老师教学，具体详见第六章。（相关成果已发表于《小学数学教师》2021年第 6 期）

续表

步骤	问题	与已知的关系	结果
②	截面是三角形	比长方形截面少一条边	切到长方体的三个面,得到的截面就是三角形
③	截面是正方形	长方形截面增加边的条件	先按切长方形截面的切法,再使邻边相等
④	截面是梯形	长方形截面增加边或角的条件	梯形的上下底不相等,需要斜着切
⑤	截面是平行四边形	长方形截面增加角的条件	考虑到平行四边形边和角的特征,切的时候不能和任何一个面互相垂直
⑥	截面是五(六)边形	三角形、四边形截面与长方体各面的关系	截面与长方体相交五(六)个面,截面便是五(六)边形

从学生已有的认知基础,即长方形截面出发,根据边和角的特征,层层递进,最终总结出截面与长方体各面之间的关系——这样的学习路径的设计,源自教师对学情的准确把握。教师进行了知识逻辑顺序的梳理,从两个角度对问题进行了化归,也就是对五(六)边形截面的研究,需要化归到对三角形、四边形截面的研究;而对四边形、三角形截面的研究,需要化归到对长方形截面的研究。这样就使原本没有思路、没有方向的研究有了清晰的路径,加上学生动手实践,从特征展开想象,用操作进行实证,并用说理总结方法,使得研究从一个简单的截面入手,直击空间思维的核心。

二、思维达成策略

思维是人类所具有的高级认识活动,它探索与发现事物的内部本质联系和规律,是认识过程的高级阶段。按照信息论的观点,思维是对新输入信息与脑内储存知识经验进行一系列复杂的心智操作的过程。[1]"在用中学"的过程中,我们需要特别关注学生的学习过程,尤其是学生思维方法形成的过程,让学生内隐的思维外显,并通过"用"使思维真正内化。

策略一,通过模型让思维外显。教师可引导学生利用学具探索数学问题,同时把实践活动中的思考过程整理记录下来,使思维物化、外化。如学生研究教材中的一个数学问题——在一个 30 cm×30 cm×30 cm 的箱子内,最多能放下几个 10 cm×20 cm×20 cm 的茶盒?[2]下面是学生思考问题的全过程。

①思考方向:为了解决这个问题,我决定利用卡纸做几个长方体,动手试验一下。

②理论测算:从理论上计算,30×30×30÷(10×20×20)=6(个)……3000(cm³),也就是最多可以放 6 个茶盒,还剩余 3000 cm³。

③试验:做完 6 个茶盒后开始试验。底层先平放 1 个茶盒,如图一所示。接着在两旁分别放置 2 个立着的茶盒,一共有两种方法,如图二和图三。

(图一) (图二) (图三)

---

(1) 刘颖,苏巧玲. 医学心理学 [M]. 北京:中国华侨出版社,1997:27.
(2) 本研究主题由海曙中心小学张沛然同学实践,周静珠老师指导。(相关成果已发表于《小学数学教师》2022 年第 1 期)

先看图二的情况,如果在上边平放1个茶盒,就会变成图四,这样就只能在最上层再平放1个茶盒;再看图三,如果在上边再平放1个茶盒,就会变成图五,变得和图四的情况一样。因此,如果在第二层将茶盒平放,箱子里最多只能放5个茶盒。如果将底层的茶盒全都立着放,情况和图五类似,不再赘述。

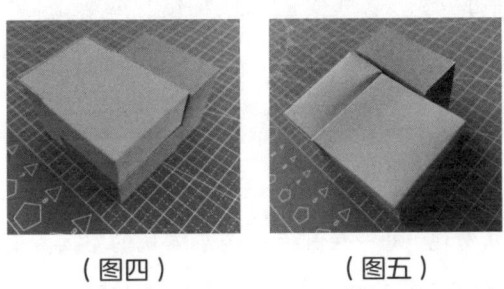

（图四）　　　　（图五）

如果尝试在第二层将茶盒立着放,共有三种情形,如图六、图七、图八所示。

（图六）　　　　（图七）　　　　（图八）

在此基础上,再立着放一个茶盒,就会出现图九、图十、图十一、图十二这四种情况。而图九、图十、图十一已无法再放置更多的茶盒,最终也只能装下5个茶盒。

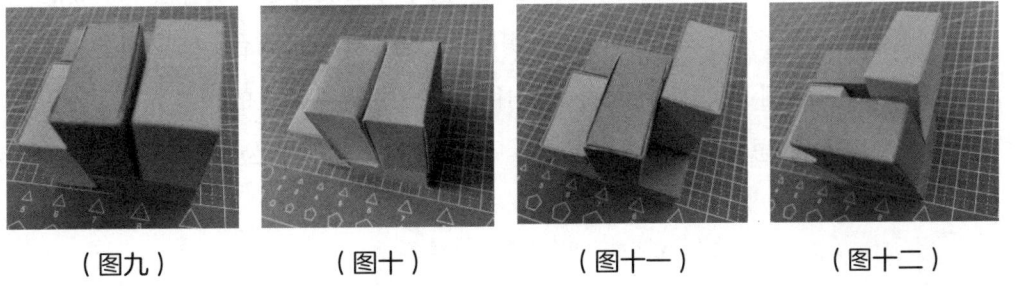

（图九）　　　（图十）　　　（图十一）　　　（图十二）

按照图十二继续摆放,则可以在第三层平放 1 个茶盒,此时正好装下了 6 个茶盒,如图十三或图十四。成功了!这是箱子可以装下的最多茶盒的数量,6 个!

（图十三）　　　　　（图十四）

仔细观察可以发现,每一层都有一个小方块的空间没有被填满,这个空间的体积是 $10×10×10=1000$（cm^3）,三层体积之和正好是箱子摆放 6 个茶盒后剩余的体积。

实践活动能让学生的思维外显。我们还可以通过语言、动作、师生的互动交流等方式展现学生思考问题的过程,同时关注学生思维的发展。

策略二,通过"用"让思维内化。学生在课堂上所学到的知识、方法,能通过"用"得到巩固、提升和发展。因此,我们在设计学生的作业时,需要设计基于真实情境的数学问题,让学生在解决问题的过程中活学活用,把静态的知识转化为学习能力,并积累相应的解决实际问题的经验,真正实现思维的内化。这正如国际数学学习的发展趋势,即数学学习更强调在真实情境下的学习,更强调从数学的角度理解和认识客观世界,更强调学生在实际问题中对策略方法的选择。

如学生学习了"组合图形的面积"之后,教师可以设计这样的作业:小美的父母计划购买一套公寓,小美想估计一下房屋的总面积(包括露台,如户型图所示)。小美、小美爸爸和小美妈妈三人分别利用户型图中的 4 条边的长度来估算面积。以下是他们不同的思考方式,请你选择其中一种,计算出这套公寓的面积。

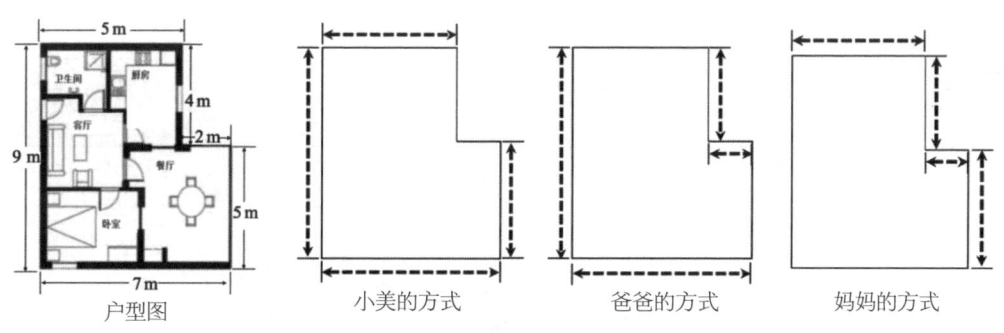

图 3-2-1　作业设计案例

借助基于真实情境的问题,把求组合图形面积的练习融入其中,这体现了作业的真实性、应用性、实践性;以"用"激发学生学习的主动性,起到了巩固新知、发展能力、拓展提升的作用;从"用"的角度创造性地设计作业,防止了知识变成惰性知识,促进了学生实际能力的发展,从而真正实现思维的提升。

第三节　数学错误资源的挖掘策略

教师应关注学生数学学习的真实需求,尤其是学生在数学学习中遇到的困难和犯的错误。这些学习困难和错误都可以转化成"用学"资源,这样的学习才是有目的的。通过把疑难问题做细、做实,学生经历问题解决的全过程,不仅能加深对数学的理解,更能创造性地产生新的想法。

学者兰宁建构了学生错误分析的反思循环模型。当学生碰到错误时,首先会识别错误,如果学生的错误分析心理是积极的,就会进入下一个环节,思考错误可能的原因。当确定错误的原因之后,学生会寻求订正错误的方案,方案可行,错误订正成功;方案有误,再次进入错误原因分析环节。从这个循环的过程可以看出,积极地面对错误,产生正面的心向,努力去寻找错误的原因,这是学生订正错误的首要条件。而后在错误归因、错误订正的环节,学生需要有积极的思维活动,而不是简单地寻求一个标准答案。这就需要学生去思考:怎样找到错因?怎样修正错误?

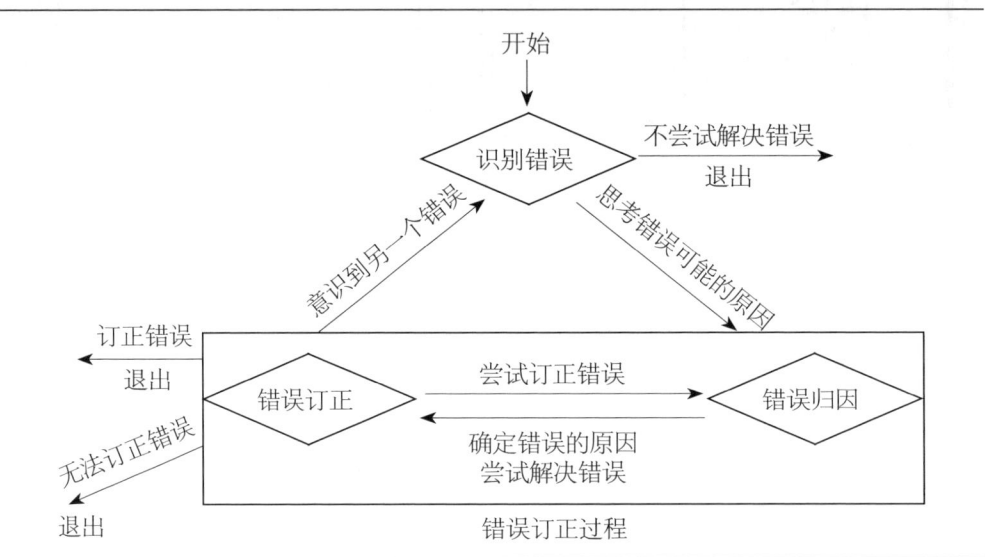

图 3-3-1　学生错误分析的反思循环模型

一、把错例改造成实践活动,促概念的深度建构

学生发生错误很多时候是因为概念认知上的缺陷,可能是对概念内涵表征不清,可能是概念的外部表征和内部表征不联,也可能是概念的建立过程不全等。因此,我们需要找准学生在概念认知上的问题,把错例改造成学生的实践活动,用动作表征概念,使学生从操作表征过渡到图象表征,最后形成抽象思考。

学生在学习"公顷和平方千米"的时候,面对这两个比较大的土地面积单位,缺乏必要的生活经验,仅仅靠"边长是 100 米的正方形的面积是 1 公顷,边长是 1000 米的正方形的面积是 1 平方千米"来建构概念,是很困难的。为了检测学生对这两个概念的掌握情况,教师可安排一组练习,具体如下:

(1)足球场的占地面积是7200（　　　）；(2)阅览室的面积是80（　　　）；
(3)我国的国土面积约960万（　　　）；(4)聪聪家小区的面积约3（　　　）；
(5)宁波东钱湖旅游风景区的面积约20（　　　）。

从检测结果发现，学生对"平方米""公顷""平方千米"的概念尚未准确构建，尤其是公顷和平方千米，几乎无法辨别。因此，教师可以通过一个"用学"项目——"1公顷、1平方千米到底有多大？请你到生活中去找一找，并用喜欢的方式记录下来"引领学生体会这两个比较大的面积单位。有名学生通过步测来估计小区的长、宽，通过计算，得出自家小区的面积大约是2.24公顷。

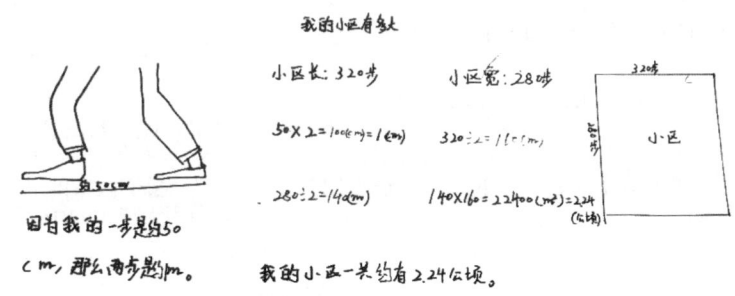

图3-3-2　学生作业

还有学生通过查看地图和步测小区的周长的方式来估计小区的长和宽，并得出自家小区面积大约有1.5公顷。

这样的"用学"项目，关注从错例中反映出来的学生学习问题，将其改造成数学实践活动，弥补了学生在概念建立过程中缺失的动作表征。学生通过步测感知自家小区的长、宽，或者是周长，而后用估计、运算、分析等方法，估算小区面积大小，对1公顷的概念进行进一步的理解与巩固，由此进一步去推测1平方千米的大小。只有把学生在学习中碰到的真实疑难转化成驱动问题，让学生慢下来，动手实践、体验思考，才能使学生获得对数学的新认识。

1公顷有多大

1. 公顷是一个面积单位,可以理解为"平方百米",如果有一个边长为1百米(100 m)的正方形,那么它的面积就是1公顷(1平方百米)。

2. 图示:

> 边长 100 M
> 面积为 1 公顷

3. 实际上1公顷有多大呢?为了更好地理解,我做了个小调查:

> 首先,测量一下我的一步有多少?我的一步差不多是 80 CM。

> 接着,我绕着小区走了一圈,测量一下小区的长和宽是多少?
> 围绕小区一周,一共走了 626 步。

> 结论:小区的周长大约是 626×80=50080 CM,约等于 500 米。小区的长和宽并不规则,所以假设小区的长为 150 米,那么小区的宽就是 100 米,这样小区的面积:150×100=15000 平方米,约等于 1.5 公顷。

4. 通过以上的小调查,我用脚步丈量,亲身体会到了1公顷的实际大小。"1公顷"比"1平方米"要大得多,比"1平方千米"要小得多,所以在形容较小的场地,比如家或者教室的面积的时候就适合用"平方米";形容大一些的场所,比如小区或者学校的时候就适合用"公顷";形容更大的地方,比如城市或者国家的时候就适合用"平方千米"。我们教室的面积大概是50平方米;我们学校的面积大概是2公顷(平方百米);宁波市的面积大概是9816平方千米。

图 3-3-3　学生作业

二、把错例改造成推理过程,促规律的深度探索

认知发展理论认为,小学生的思维发展处于具体运算阶段,正逐步从具体形象思维过渡到抽象逻辑思维。而推理是数学的基本思维方式,也是学生数学核心素养中的关键能力。小学生天生好奇,喜欢提问,但由于他们的思维正处于发展阶段,因此常常凭直觉说话,或者不假思索就脱口而出。推理能力的发展本身就是一个缓慢的过程,不是"懂"了、"会"了,而是"悟"出了道理、规律和思想方法。因此,把错例改造成学生推理论证的过程,不失为一个好办法。教师应引导学生经历观察、猜想、实验、运算、证明等过程,加深学生对数学规律的认识,促进学生推理能力的发展。

三年级的学生学习了长方形、正方形的周长和面积之后,经常有这样的问题:当长方形和正方形的周长相等时,谁的面积大?因为学生没有经历猜想、验证、得到结论的过程,所以即使教师一遍遍地讲解,最终还是有一部分学生不明白,或是一知半解。其实,这个错例是很好的学习机会,可以将其改造成"用学"项目——"周长一样的长方形和正方形,哪个面积更大呢?你能用自己的办法验证吗?"

学生经过实践,有了这样的想法:用24厘米的扭扭棒围成各种形状的图形。为了使图形看起来清楚一些,学生往图形内部填充小纽扣,一边填,一边进行记录。

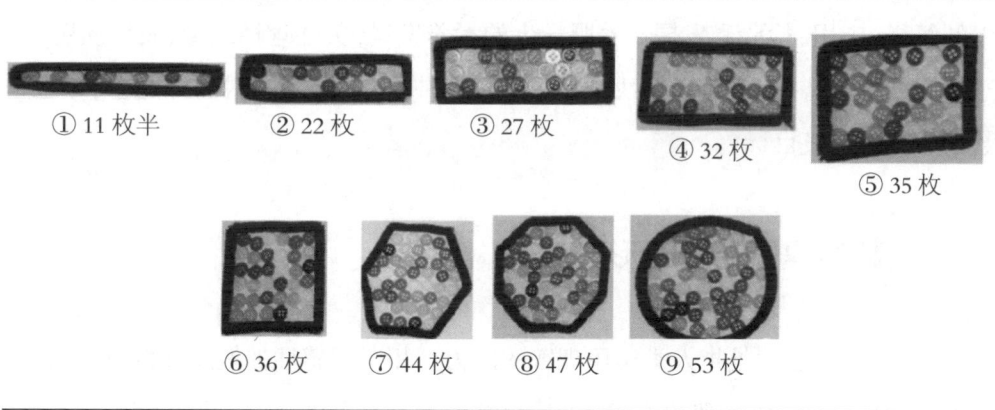

图 3-3-4 基于错例展开的研究过程

学生看着变化的纽扣数量,惊喜地发现:同样周长的图形,边越多,需要填充的纽扣就越多。换句话说就是,围成的图形越接近圆形,它的面积就越大,围成圆形时面积最大。这与我们在课堂上得到的结论是一样的,也就是在周长一定的情况下,正方形的面积比长方形的面积大。后来学生在自己的数学日记中写道:"我想起数学老师在课堂上曾说'当我们有想法的时候,一定要用笔记录下来,探索出它的规律,然后再用规律去验证自己的想法对不对'。一堆扭扭棒,一排图形,一个发现,引发了无数个精彩的想法,这就是数学带给我们的乐趣。"

小学生尚不能用严格的数学证明方法验证自己的猜想,但是他们能通过实践活动去验证自己的想法,并感悟其中的数学规律。因此,当按照自己的设想,经历了整个过程,学生一定能理解其中的数学道理,感受到数学的美感和力量。

第四节　数学实践应用的创造策略

数学知识、方法在观察、操作、探究中形成，在反思提炼中积累。而通过运用，学生可以提升和内化"用"知识的经验。在分析和解决问题时，学生会自动搜索脑中已有的知识和技能，也会主动地搜索解决问题的策略和方法，这就是数学在生活中的解释、应用、检验和发展。着眼学生的素养发展，关注理性思考、批判质疑、勇于探究的科学精神，在问题解决中发展创新精神，这是数学学科的价值追求，也是数学学习的终极目标。

一、数学理性精神的形成

在哲学中，理性是指人类运用理智的能力。相对于感性的概念，理性通常指人类在审慎思考后，以推理的方式，推导出结论的这种思考方式。克莱因（Kline）认为："在最广泛的意义上说，数学是一种精神，一种理性的精神。正是这种精神，使人类的思维得以运用到最为完善的程度。亦正是这种精神，试图决定性地影响人类的物质、道德和社会生活；试图回答有关人类自身存在提出的问题；努力去理解和控制自然；尽力去探求和确立已经获得知识的最深刻的和最完美的内涵。"因而，教师通过开展学习活动，在类比、归纳、猜想中，培养学生理性思考的意识；在探究、发现、问题解决中，培养学生独立思考的习惯；在思辨、争鸣、质疑中，形成学生探求真理的态度。

在学习了《圆》这个单元的知识后，教师可以设计一项实践活动——"我会分比萨"，让学生借助所学的有关圆的知识把一个比萨平均分成4份。学生回忆已有的有关圆的知识，探寻各种解决这个问题的思路，实践尝试，解释说明，呈现出了各种不同的解决方案。有的把圆拓下来，通过折一折平均分；有的在圆的外面画一个正方形,通过将正方形平均分解决问题;有的把圆的周长平均分,最终把比萨平均分;还有的量出圆内的最长线段,找到圆心,达到平均分的目的……具体请见表3-4-1。

表 3-4-1 "我会分比萨"实践成果

操作图示	操作方法	操作图示	操作方法
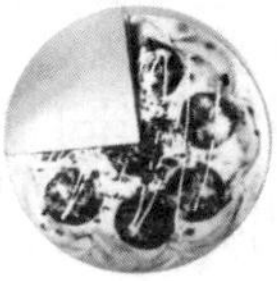 (圆形比萨图)	1. 沿边画下这个圆 2. 剪下这个圆 3. 对折再对折 4. 沿着折痕分	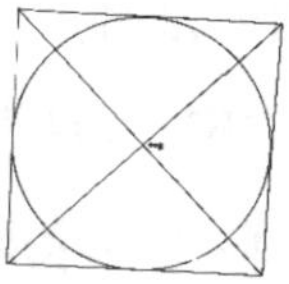 (正方形外接圆)	1. 先在圆的外围画一个正方形 2. 画出正方形的对角线 3. 找出圆的中心
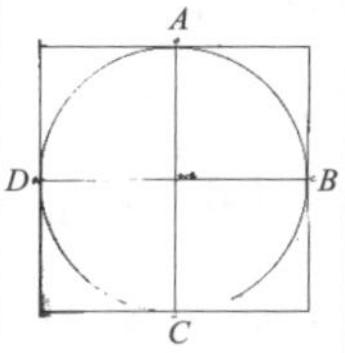 (正方形内接圆ABCD)	1. 画出圆的外围的一个正方形 2. 量出正方形四边的中点A、B、C、D 3. 连接AC、BD	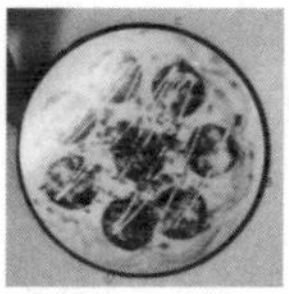 (圆形比萨图)	1. 用一条绳子沿圆的边上绕一周 2. 量绳子的长度,这就是圆的周长 3. 将绳子平均分成4份,就是找到圆周长的4等点A、B、C、D 4. 连接AB、CD
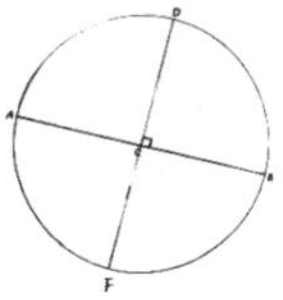 (圆内十字线)	1. 在圆上找到任意一点A 2. 量一条最长的线段AB 3. 找到这一条线段的中心点C 4. 在这个中心点上作一条垂线段DF	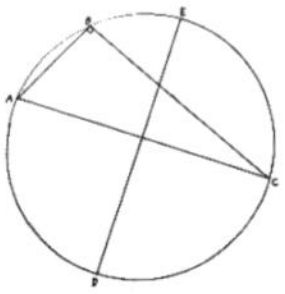 (圆内交叉线)	1. 在圆上任意画一条线段AB 2. 作AB的垂线段BC 3. 连接AC 4. 作AC的中垂线DE,即把圆分成四份
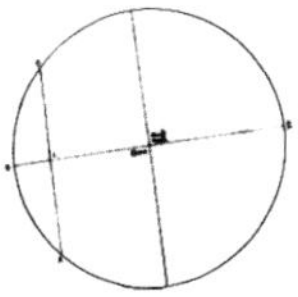 (圆内十字线)	1. 随便在圆中画一条线段AB 2. 找到这条线段的中心点,比如"画一条垂线段DE 3. 再找到这条线段的中心点,比如"画一条垂线,每份是1/4	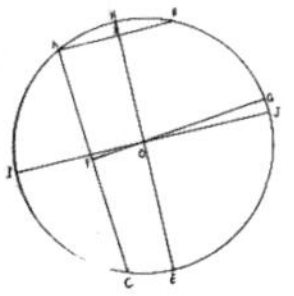 (圆内多线)	1. 在圆周上找A、B、C 2. 两两连接(如AB,AC) 3. 分别作AB、AC的垂直平分线DE、FG 4. 交点即为圆心O 5. 作两条过O点并相互垂直的线(如HE,IJ)即把圆分成4份

数学课堂是培养学生追求真理的极佳场所。数学问题的解决、数学思维的优化、数学本质的诉求,都需要学生有挑战困难的信心和不畏权威的勇气。教师应引导学生以理性的态度对待所学知识,积极寻求各种不同的思考问题、解决问题的方法;尝试言之有物、言之有据的学习形态,积极探索、独立思考;在追求真理的过程中,培养每一个学生的理性精神。

二、数学人文精神的感悟

从人的素养发展的角度看,数学学科不仅承担知识传授、能力培养的任务,更是一种文化的传播。在以往的数学教学中,我们常常忽视人的因素,忽视学生作为个体的因素,忽视学生在学习过程中获得的感受,忽视学生在价值、个性等方面的发展,把数学学科中所蕴含的人文特色淡化了。而现在,人文和科学逐渐从分离走向融合,科学人文精神得到大力倡导。

学生在学习数学的过程中,各自都会形成对数学的独特感受,这个感受来自用数学的眼光观察世界的过程,来自用数学思维分析世界的体验,来自用数学语言表达世界的经历。下面是学生在实践统筹法[1]过程中的独特视角和体会。

在学习了"合理安排"一课之后,教师布置了实践性作业:用学到的统筹法知识解决生活中的问题,并记录下来。小米同学准备为外婆和妈妈做一顿午饭,包含三菜一汤,他设计了以下工作流程(如图3-4-1所示)。

结果时间是节约了,但是吃饭时鱼已经有点凉了,而汤还烫嘴。于是小米同学根据生活经验,调整了做菜的顺序(如图3-4-2所示),让家人吃到了暖胃又暖心的菜。

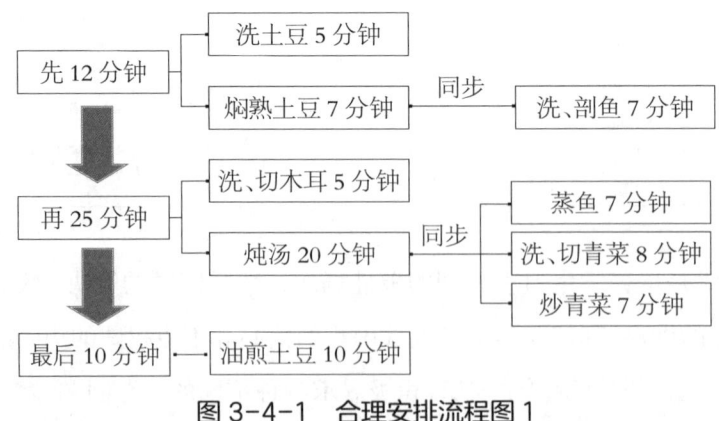

图3-4-1 合理安排流程图1

---

(1) 本研究主题由宁波市实验小学李昶熠老师实践,周静珠老师指导。

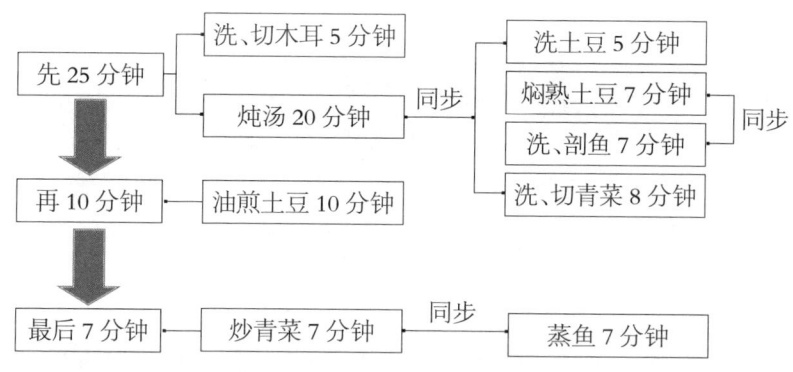

图 3-4-2　合理安排流程图 2

从上述案例中可见,统筹法不再是一个冷冰冰的知识点,它促进学生从数学的角度思考问题、表达认识,去创造生活中的美好。陶行知先生说:"书里有真知识和假知识。读它一辈子不能分辨它的真假,可是用它一下,书的本来面目就显了出来,真的便用得出去,假的便用不出去。"通过生活实践的检验,学生的知识活化了,成了真正可以延展能力的"真知"。

第四章

"因用而学"理念下的小学数学学习活动指导

建构主义认为,世界是客观存在的,但是对世界的理解和赋予的意义却是由每个人自己决定的。不同的人由于原有经验的不同,对同一事物会有不同的理解。学习的过程就是引导学生从原有经验出发,生长(建构)起新经验。学生不是简单被动地接受信息,而是主动建构知识的意义。小学生天性好动,思维中具体形象占优势,他们所掌握的概念大部分是具体的、可直接感知的。他们往往通过活动来感知、认识、理解世界,因此,操作、观察、游戏、实践等活动方式,能够组织和吸引儿童积极、主动地学习,并取得良好效果。在"因用而学"的数学学习过程中,有多种学习形态,本章主要研究研学观察型、操作体验型、游戏感悟型、实践应用型四种学习形态,其他学习形态的研究还有待不断深入和拓展。

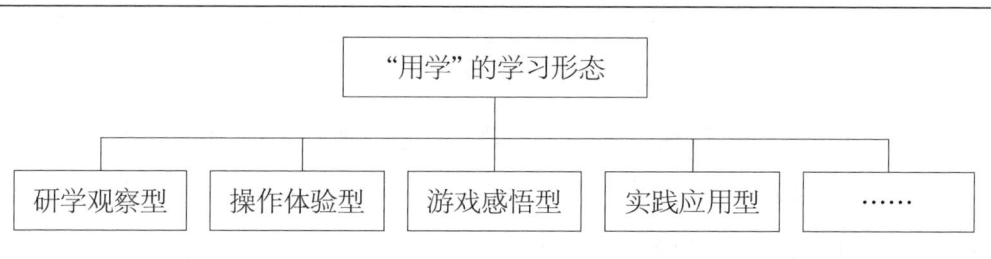

图 4-0-1 "用学"的学习形态

第一节　研学观察型学习活动指导要点

研学即研究性学习,又称探究性学习,是指在教师和学生共同组成的学习环境中,以学生为中心,让学生主动探索、主动学习的归纳式学习过程。按类型分,研学有知识拓展类、技能拓展类、视察体验类等。知识拓展类主要是拓展学生的知识面,拓宽学生的思维面,让学生具备更强的学习能力和更多的学习方式。在"因用而学"的数学学习过程中,我们提倡采用研学观察型的学习形态,让学生通过学到的知识观察世界,提出数学问题,针对问题构建模型,探索思路,进而解决问题,感悟知识的实际意义。研究性学习是一个非常重要的学习形态,学习流程包括主题的确定、方案的形成、研究的展开、结论的得出等,学生在研究中会经历从"用"到"学",再从"学"到"用"的循环上升过程。

【学习流程】

确定主题 ⇨ 设计方案 ⇨ 观察研究 ⇨ 得出结论 ⇨ 拓展延伸

(1)确定主题:把学习的场景切换到学生关心的现实世界,比如学校、小区等,让学生以数学的眼光进行观察,从而确定研究的主题。这样的主题具有很强的现实性,能够引导学生主动探索,得到数学的认知。

(2)设计方案:确定了研究主题,研究方案可以根据学生对以下几个问题的回答来制订:"问题是什么?""你对这个问题已经了解了多少?""为了解决这个问题,你还需要了解什么?""为了得到你所需要的信息,你将要做什么?"研究方案为观察研究指明了方向。

(3)观察研究:学生按研究方案采取行动,通过诸如观察、访谈、查阅文献资料、搜集相关信息等形式,去获取解决问题所需要的信息;同时采用科学研究的方法,比如猜想 — 验证、实验 — 结论等,展开研究。

(4)得出结论:对搜集到的资料信息进行组织和加工处理,或者对原有假设进行检验、得出结论,或者提出解决问题的初步方案,或者对各种可能的问题解决方案进行比较,选择一个最佳方案。

(5)拓展延伸:把得到的结论拓展到新的问题情境之中,产生新的问题,再次回到学的状态。

【学习内容举例】

表 4-1-1　各年级研学观察型学习活动内容举例

年级	主题	学习要点	评价维度
一上	找一找生活中的数	理解数的含义,包括基数、序数等	●正确表达数的含义 ●呈现不同的数的含义
一下	游鼓楼,购美食	认识人民币,能在购物中进行货币的简单计算	●正确计算美食的价格 ●能根据美食价格正确支付货币
二上	测一测,鼓楼步行街有多长	通过步测、推算等方式估计步行街的长度,形成长度感	●能用合理的方法估计步行街的长度 ●有较好的长度感
二下	"油赞子"有多重	通过掂一掂、称一称等活动,形成重量感	●能通过掂一掂,估计物品的重量 ●有较好的重量感
三上	安排鼓楼游玩路线	统筹安排游玩路线,综合运用时间、路线等知识解决实际问题	●能合理安排不同的路线 ●时间分配合理

续表

年级	主题	学习要点	评价维度
三下	怎样布置鼓楼的戏台	对生活中的周长和面积有直观的感知,建立正确的长短与大小的观念,并能解决相应的实际问题	●有正确的周长和面积的概念 ●能正确解决问题
四上	测一测小区或校园有多大	对较大的面积有直观的感知,通过实践活动加深对公顷和平方千米的认识	●能通过合理的方法估测出小区或校园的大小 ●形成较大面积的量感
四下	了解鼓楼一到两家商铺的营业情况,并给出建议	聚焦实际问题,展开数据的收集、整理、分析、决断等工作,经历真实的统计学习	●选择恰当的角度,并合理统计 ●能用数据说明观点
五上	破译古建筑的图形美	关注建筑中的图形排列问题,研究图形密铺的知识	●通过观察发现古建筑中图形排列的规律,了解长方形、正方形、六边形等图形的密铺规律 ●通过探索,发现规律、总结规律
五下	给蛋糕设计一款包装盒	运用长方体、正方体的表面积和展开图的知识解决实际问题	●能运用展开图设计包装盒的平面图 ●能计算包装材料的面积
六上	为鼓楼设计一款装饰花坛	综合运用图形的知识设计图案,并解决需要的花的数量问题	●能够设计出美观、合理的花坛图纸 ●能正确计算花坛的面积、花的数量等
六下	研究鼓楼商店中的折扣问题	运用百分数的知识,解决折扣、买送、买减等折扣问题	●能正确计算有关折扣、买送、买减的实际问题 ●能比较各种不同的有关折扣的问题

【学习案例】破译古建筑的图形美[1]

①确定主题

永寿街历史文化街区是宁波市八大历史文化街区之一,是宁波老城内传统历史风貌的集中地。街区历史名人荟萃,现存名人故居众多。高墙、敞院、黛瓦、漏窗体现了宁波地方大气内敛而又灵活实用的民居特色。如果从数学的角度观察、研究,你能够发现古建筑图形的奥秘吗?

②设计方案

从研究的问题、地点、运用的数学知识、研究方法、运用的工具、合作伙伴、估计结果等方面设计研究方案。下面是学生提出的研究方案。

我们提出的问题:古建筑中的图形有哪些?是怎样排列的?

地点:永寿街、秀水街历史街区。

运用的数学知识:图形的知识、密铺的知识。

研究方法:拍照、观察、绘图、查阅资料、思考。

运用的工具:摄像机、电脑、彩笔、尺子、纸、大脑。

合作伙伴:朱同学、胡同学、妈妈。

估计结果:古建筑中的图形排列是有规律的。

③观察研究

用数学的眼光去观察古建筑中的图案,从数学的角度去思考,发现其中的规律。

地面的砖都是用长方形的砖拼成的(图一),墙是由两个或者三个不同的长方形的砖拼成的(图二、图三),美丽的壁画是正方形与多边形的结合(图四)。

---

[1] 本研究主题由海曙中心小学朱雨璇同学实践,陈晓莹老师指导。

　（图一）　　　　（图二）　　　　（图三）　　　　（图四）

　　为什么人们在铺设地砖和墙面时会较常选择长方形的砖呢？是因为长方形的砖能够把地面、墙面铺满，同时又方便施工吗？

　　长方形能把平面铺满，还有哪些图形能够把平面铺满呢？正三角形、正方形都可以把一个平面铺满，这里有怎样的奥秘呢？

　　图形能不能把一个平面铺满，和这个图形的内角角度很有关系。

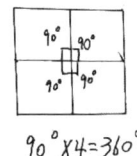 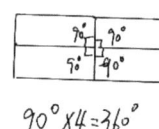 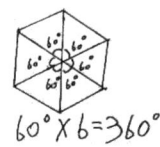

$90°×4=360°$　　　$90°×4=360°$　　　$60°×6=360°$

　　原来正方形、长方形、正三角形这三种图形都可以拼出360度的角，所以它们能把一个平面铺满。那么正五边形、正六边形呢？让我们来算一算。

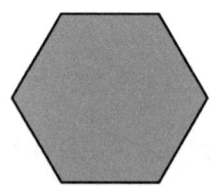 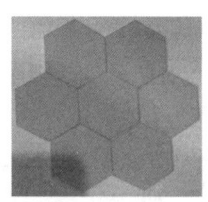 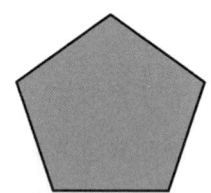

正六边形内角和：$180°×(6-2)=720°$　　　正五边形内角和：$180°×(5-2)=540°$
每一个内角：$720°÷6=120°$　　　每一个内角：$540°÷5=108°$
$120°×3=360°$　　　$108°×3=324°$　　$108°×4=432°$

　　算一算，马上就可以看出，正六边形能把一个平面铺满，而正五边形是没有办法把一个平面铺满的，要么有空隙，要么会重叠。

　　④得出结论

　　通过计算、拼组，发现了正三角形、正方形、长方形、正六边形可以把一个平面铺满。那么是否还存在其他图形,也可以把一个平面铺满?接下来从内角的度数入手继续思考。如果这个图形能够铺满一个平面,那么它的内角度数应该是360度的因数。

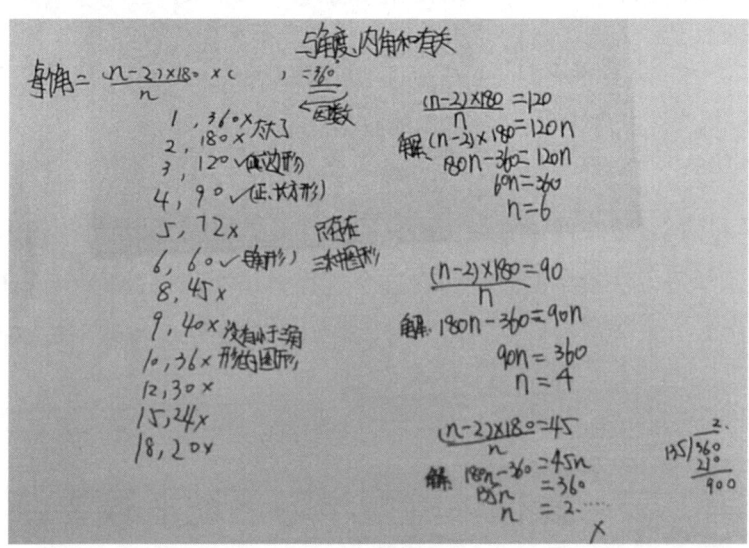

通过计算发现,当每个内角都是120度时,这个图形是正六边形;当每个内角都是90度时,这个图形是正方形;当每个内角都是60度时,这个图形是正三角形。其他角度都无法找到对应的正多边形。看来只有这三种正多边形可以把一个平面铺满。

⑤拓展延伸

其他图形的排列规律又是怎样的呢?

如果不是正多边形,是否也能密铺呢?研究发现梯形、平行四边形也可以把一个平面铺满。

任意画一个四边形,是不是也可以把一个平面铺满呢?继续深入思考,可以画一画,把想法写出来。

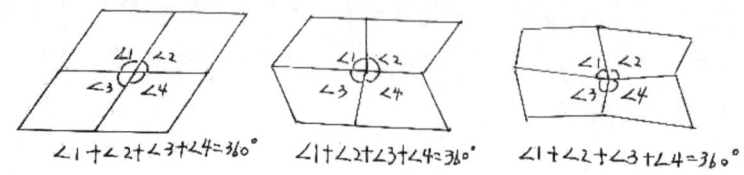

任意的一个四边形都能把一个平面铺满,因为四边形的内角和是360度,只要把这四个角拼在一起,就能铺满一个平面了。

这类学习活动,重在使学生经历研究的过程。做研究,既是运用知识解决问题的过程,又是学习方法策略的过程。在这个过程中,教师要引导学生论证研究主题的适切性、研究方案的可行性、研究结果的科学性,帮助学生提炼出策略性经验。

第二节 操作体验型学习活动指导要点

操作活动是学生根据教师创设的问题情境和教师提供的指导,通过动手操作,学着探索数学问题、获得数学结论、理解数学知识的一种活动。在小学阶段,教师通常会编排和设计大量的操作活动,简单的如摸一摸、量一量、折一折、剪一剪、画一画等,稍复杂的如在具体情境中购物、使用尺或天平等工具进行测量等,这些都是常见的数学活动。为什么在操作中体验是"用学"的一种重要形态?一方面,小学生年龄小,注意力集中时间不长,思维更是依赖表象的支撑,操作活动可以让抽象的知识在学生头脑中留下丰富的表象。同时,相对于枯燥的知识讲授,操作活动是学生喜欢进行的活动之一。另一方面,这也符合人们探索知识和学习的一般过程。操作活动可以让学生亲历探索的全过程。心理学家皮亚杰(Piaget)指出:"思维是从人的动手开始的,切断了动作与思维的联系,思维就不能得到发展。"

操作体验型学习活动,将学习材料与学生已有的积累相联结,引导学生经历体验性学习。操作体验型学习活动强调在操作中感知,让学生经历与知识相关的操作活动,引导学生不断感知、积累、细化,为进一步理解打下基础;强调在操作中内化,就操作的感受进行数学交流,让众多信息交流碰撞,使思维从表层走向深入;强调在操作中发展,所有活动的设计都围绕数学的发展,将提升学生的思考力作为终极目标,在每一次操作活动中引导学生进行数学思考,把感性经验提升到理性认识。

【学习流程】

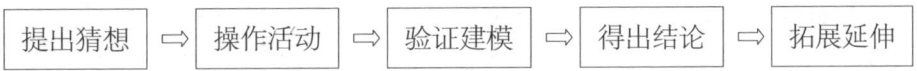

提出猜想 ⇒ 操作活动 ⇒ 验证建模 ⇒ 得出结论 ⇒ 拓展延伸

(1)提出猜想:根据问题情境提出合理的猜想,是操作体验型学习的第一步。猜想是推动数学发展的强大动力,是人类理性中最富有创造性的部分。猜想不仅是一种研究模式,更是一种研究方法。

(2)操作活动:根据提出的猜想,围绕"操作的目的是什么?""按照怎样的步骤操作?""操作中能观察到哪些?""操作活动的体验是什么?"等问题,进行目的明确的操作活动。

(3)验证建模:根据通过操作活动得到的相关数据、现象、体验等,构建数学模型,验证猜想是否成立。

(4)得出结论:根据验证建模,对原有假设进行检验、得出结论,或者提出解决问题的初步方案,或者对各种可能的问题解决方案进行比较,选择一个最佳方案。

(5)拓展延伸:把得到的结论拓展到新的情境之中,产生新的问题,再次回到学的状态。

【学习内容举例】

表 4-2-1 各年级操作体验型学习活动内容举例

年级	主题	学习要点	评价维度
一上	谁搭的积木高	在立体图形搭高活动中,体会立体图形的特征,并进行搭建	● 根据立体图形的特征,合理放置不同的立体图形 ● 能根据要求,搭出一定高度的图形
一下	图形巧配对	利用七巧板拼出不同的平面图形	● 根据图形特征,用不同方法拼出三角形 ● 能拼出指定的图案 ● 能创造性地拼出各种图案
二上	制作一个钟面	运用时间的知识设计并制作钟面	● 能设计出符合要求的钟面 ● 能画出相应的时针和分针 ● 能创造性地设计钟面
二下	设计漂亮图案	运用对称、平移、旋转等知识设计图案	● 能合理利用图形变换的知识设计图案 ● 图案设计合理、画面精美
三上	砌一面分数墙	运用分数的知识设计一面分数墙	● 合理设计分数墙的每一块砖 ● 能说明设计理由
三下	制作活动日历	利用四个小正方体制作一个活动日历	● 将一个小正方体作为月,两个小正方体作为日,一个小正方体作为星期 ● 能合理设计,并演示活动日历
四上	一亿有多大	利用白纸、米粒等实物,感受一亿的大小	● 能设计合理的方案来体会一亿的大小 ● 过程完整、推理清晰

续表

年级	主题	学习要点	评价维度
四下	三角形真的稳定吗	利用小棒拼搭、实验等方法探索三角形的稳定性	●通过拼三角形,体会三角形的唯一性 ●设计并进行三角形稳定性实验
五上	谁的"脸面"最大	运用求不规则图形面积的方法解决"脸面"的问题	●设计合理的转化方法 ●尝试求出"脸面"的大小
五下	六连方与正方体的展开图	探索正方体的展开图,并将其与立体图形建立联系	●能够摆出正方体的展开图 ●能找到展开图的规律,并能说出立体图形中相对应的面
六上	图形切割的奥秘	围绕"在长方体上切一刀,会切得怎样的截面?"这一问题,探索长方体截面的规律	●能够通过想象、操作,画出长方体的截面 ●探索出长方体截面的规律
六下	用一张A4纸制作一个容积最大的立体图形	研究当侧面面积相等时,哪种立体图形的容积最大	●能根据柱体的通用公式,探索柱体的容积 ●通过计算,比较两个侧面面积相等的圆柱的容积的大小

【学习案例】用一张A4纸制作一个容积最大的立体图形[1]

①提出猜想

研究的问题:用一张长方形铁皮做一个容积最大的储蓄罐(底面另配、铁皮的厚度忽略不计)。

学生猜想1:用长方形铁皮能够做出长方体、正方体、圆柱等立体图形的侧面。

---

(1) 该案例相关内容已发表于《小学数学教师》2022年第1期。

学生猜想2：不同形状的立体图形中，圆柱的容积最大。

学生猜想3：底面是正方形的长方体容积比较大。

②操作活动

用长方形铁皮做立体图形的侧面，先思考可以制作成哪些立体图形，再比较哪个容积最大。

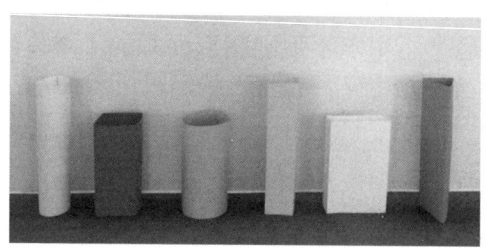

分类思考：这些立体图形可分为两类，一类是横着折的，立体图形的高等于长方形的宽；另一类是竖着折的，立体图形的高等于长方形的长。可以先找出等高的图形中哪个立体图形容积最大，再比较。

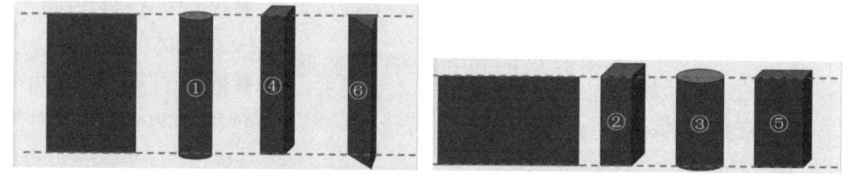

概念明晰：因为铁皮的厚度忽略不计，容积近似于体积，因此可以通过计算各种立体图形的体积来解决问题。

容积比较：这些立体图形都是直柱体，体积的通用公式是"底面积×高"。因为用同一张长方形制作，当高相等时，只要比较底面积即可。

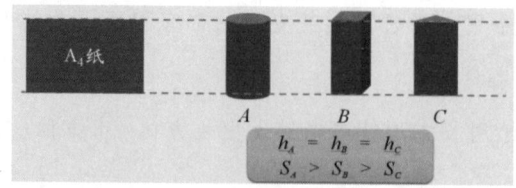

③验证建模

侧面为同一张长方形，即底面周长相同，如何比较底面积呢？在周长相等的情况下,圆的面积最大,因此圆柱的容积最大。

两个圆柱,哪一个容积更大?

用假设的方法思考,设长方形的长为 2π,宽为 π,那么两个圆柱的容积分别是 π^2 和 $\frac{1}{2}\pi^2$。

用一般的方法思考,设长方形的长为 a,宽为 b,通过计算比较这两个圆柱的容积。

④ 得出结论

把储蓄罐设计成圆柱的形状,且用长方形的长作为圆柱底面的周长,宽作为圆柱的高时,该储蓄罐的容积最大。

⑤ 拓展延伸

如果用长方形的铁皮制作圆柱形的容器,成品还要包括上、下底面,这一张长方形铁皮用哪种规格比较合适?此时容积又是多少?

在此类学习中,操作前的分析、操作后的思考尤为重要,这会使得操作有方向,操作有提升。同时,教师还要注意到,不同内容、不同形式的操作活动背后其实有着某些相同的数学思维和数学理解,对之进行正迁移,能使学生形成系统的知识经验,在操作中反思,在运用中提升。

第三节　游戏感悟型学习活动指导要点

游戏感悟是指在数学学习中，教师安排适合小学生年龄的数学游戏，使学生通过玩数学游戏、解数学游戏、悟数学游戏等，发展数学素养。游戏是儿童认识和探索外部世界的方式。游戏伴随着儿童生命发展的全过程，以强大的趣味性、益智性吸引着儿童，促进他们实现社会化进程。

小学生的智力和心理都处于发展过程中，他们最大的特点是喜欢新奇的事物，爱动，难以长时间集中注意力。数学游戏可以化抽象为具象，把枯燥、抽象的数学知识与有趣、具体的游戏活动结合起来，将数学知识渗透到游戏中，让学生在轻松、愉悦的氛围中学习。比如，七巧板游戏可以培养学生对图形的感知力和想象能力，数独游戏可以发展学生的观察力和推理能力等。数学游戏可以变无趣为有趣。小学生在学习的过程中容易疲劳，注意力分散。数学游戏不仅仅能让学生"玩"，更能吸引学生的注意力，挖掘学生的学习潜力，拓展学生的数学思维能力。因此我们可以通过蕴含数学道理、需要运用数学知识或数学方法的游戏，引导学生在玩中掌握数学学习方法，培养良好习惯。

在这类学习形态中，关键是游戏规则，学生通过对规则的理解，掌握操作方法，并感悟其中的数学原理。

【学习流程】

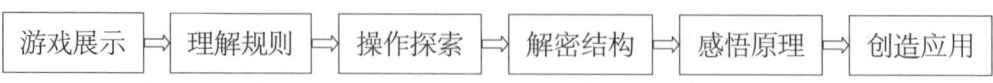

（1）游戏展示：可以呈现游戏的全过程，用视频、图片、现场活动等形式，吸引学生的注意力，从而使学生产生尝试、研究数学游戏的心向。

（2）理解规则：在玩、探索数学游戏之前，需要明确游戏的规则，这一点很重要。学生需要对规则有很清晰的解读和理解。

（3）操作探索：根据游戏规则，尝试数学游戏。通过动手实践、观察思考，围绕"怎样玩数学游戏？""玩数学游戏有最优方案吗？""游戏背后有怎样的数学奥秘？"等问题，得出对数学游戏的初步感知和结论。

（4）解密结构：从数学的角度、学生的视角，对数学游戏进行归纳、总结、提炼，从而得出该游戏的数学模型。

（5）感悟原理：把在玩数学游戏中观察到的、感受到的，提升为数学原理及数学的思想方法。

（6）创造应用：把得到的一般性结论创造性地应用到新的情境中，产生新的数学游戏。这一环节可以根据游戏的实际情况而定。

【学习内容举例】

表4-3-1　各年级游戏感悟型学习活动内容举例

年级	主题	学习要点	评价维度
一上	巧移火柴棒	用火柴棒摆出不同的数字、图案，通过移火柴棒，使等式成立、图形变化	●根据图形、数字的特征，用火柴棒摆出相应的数字和图案 ●拿走、移动、增加火柴棒，使等式成立 ●巧移火柴棒，变化图形
一下	智拼七巧板	通过拼七巧板，体会图形的变换，发展空间观念	●根据图形特征，用不同方法拼出正方形、三角形、平行四边形等 ●能用七巧板拼出指定的图案 ●能创造性地拼出各种图案

续表

年级	主题	学习要点	评价维度
二上	美丽剪纸	运用平移、对称、旋转等知识来剪纸	●能合理利用图形变换的知识设计剪纸的图案 ●能清楚地表达图案的设计思路
二下	智力"魔珠"	通过对12组不同形状珠体的排列与组合,提升观察力、推理能力和空间观念	●能利用12组珠体完成平面的拼组 ●能利用12组珠体完成立体的拼组
三上	汉诺塔	通过玩汉诺塔,体会倒推、转化、递归等数学方法	●能够了解汉诺塔的游戏规则,并学会1—6个圆盘的玩法 ●能探索发现游戏的方法,用前面探究获得的结果解决后面位置的问题
三下	"魔尺"	通过玩"魔尺",体会图形的变换	●用"魔尺"折叠出不同的数字和形状 ●能表达折叠"魔尺"的方法与规律
四上	巧算24点	综合运用四则运算来计算24点,培养运算能力	●能根据数据特点,选择合理算法,计算24点 ●探索相同数据的不同算法
四下	莫比乌斯带	通过玩莫比乌斯带,体会数学的神奇	●认识莫比乌斯带及其特征 ●会制作莫比乌斯带
五上	智走华容道	通过释放"曹操"这个华容道游戏,进行数学思考	●能够自主探索出如何释放"曹操" ●能够把玩华容道游戏的推理过程表达清楚
五下	数独	通过数独游戏,学会用推理解决游戏中的数学问题	●能了解数独的规则,并按照游戏规则完成数独游戏 ●能把玩数独的推理过程表达清楚 ●能有序、全面地观察与思考

续表

年级	主题	学习要点	评价维度
六上	抢数游戏	通过抢数游戏,体会并探索抢数取胜的策略,并运用策略进行游戏	● 能够体会抢数游戏有取胜策略 ● 探索抢数游戏的取胜策略 ● 能够运用取胜策略进行游戏活动和游戏设计
六下	"吃不完的巧克力"	破解数学魔术"吃不完的巧克力",并用数学知识进行解释说明	● 能通过观察得出多一块巧克力的原因 ● 运用比例的知识,解开魔术的奥秘 ● 把魔术的原理运用到新问题之中,并进行解答

【学习案例】汉诺塔[1]

① 游戏展示

汉诺塔的传说:传说在印度北部的圣庙里,一块黄铜板上插着三根宝石针,其中一根针从下到上穿了由大到小的 64 片金片,这就是汉诺塔。不论白天黑夜,总有一个僧侣在按照法则移动这些金片,一次只移动一片,不管在哪根针上,小片必须在大片上面。

---

[1] 本案例由周静珠名师工作室周伊燕老师教学。

②理解规则

呈现游戏规则：把所有圆盘移动到目标柱上；一次只能移动一个圆盘；大圆盘不能放在小圆盘上面。

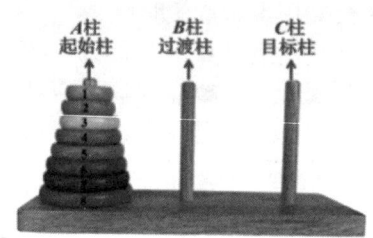

③操作探索

一阶汉诺塔：1步完成。

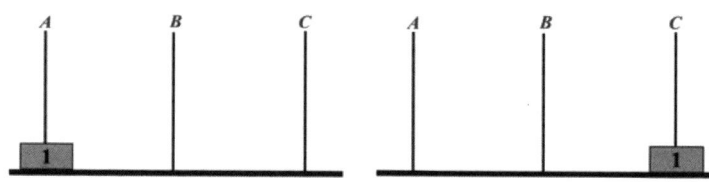

二阶汉诺塔：3步完成。

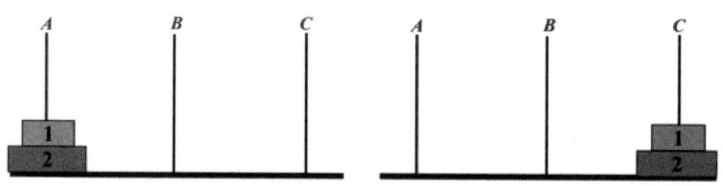

方法一：1→C　2→B　1→A　2→C　1→C

方法二：1→B　2→C　1→C

两种方法比较，要让2号圆盘到达C柱，就需要让1号圆盘在B柱等一等，这样才最优。

三阶汉诺塔：7步完成。

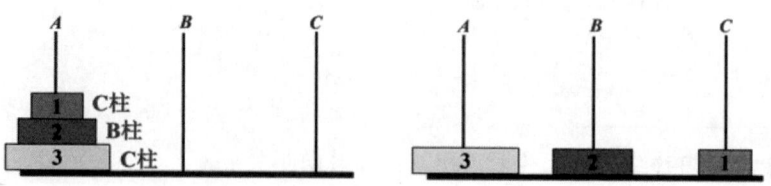

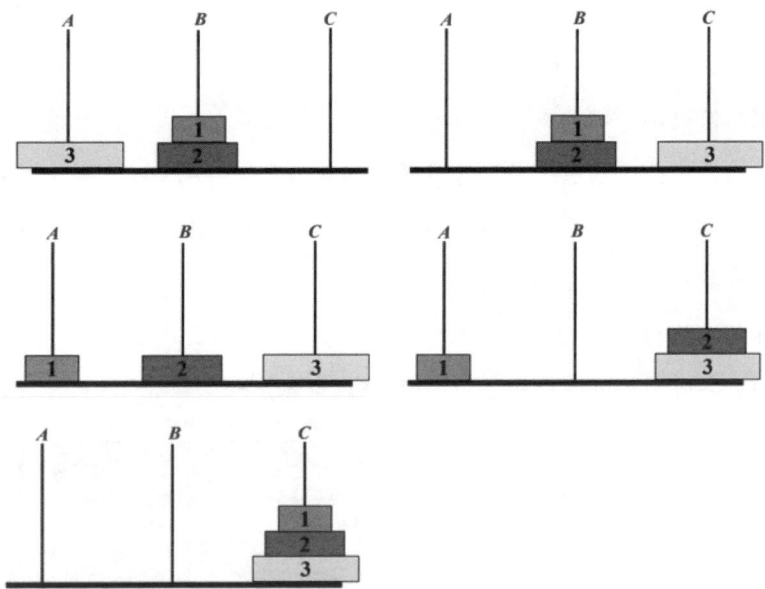

先确定各个圆盘应该放在哪里:3号圆盘是要到目标柱,2号圆盘在过渡柱等一等,1号圆盘先到目标柱。

操作:1→C　2→B　1→B　3→C　1→A　2→C　1→C

发现:前三步是把1号和2号圆盘整体搬到B柱;第四步是移动3号圆盘到C柱;最后三步又把1号和2号圆盘整体搬到C柱。

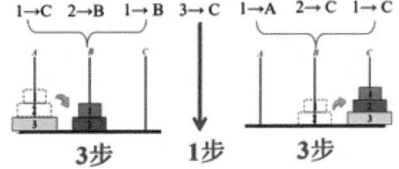

四阶汉诺塔:四个圆盘可以参照三个圆盘的过程来思考。

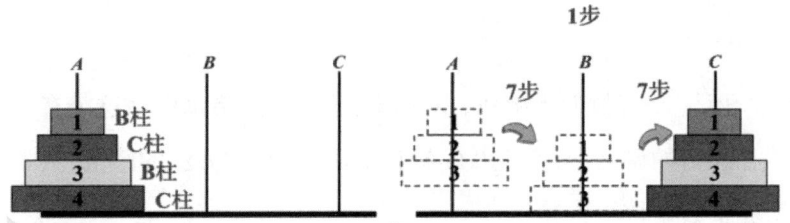

第一阶段：把1号、2号和3号圆盘移动到B柱

1→B 2→C 1→C 3→B 1→A 2→B 1→B

第二阶段：4→C

第三阶段：把1号、2号和3号圆盘移动到C柱

1→C 2→A 1→A 3→C 1→B 2→C 1→C

总步数：7+1+7=15（步）

④解密结构

观察一阶到四阶的操作过程，根据表格信息思考。

圆盘总数(个)	第一步	最少步数(步)
1	目标柱	1
2	过渡柱	3
3	目标柱	3+1+3=7
4	过渡柱	7+1+7=15

思考一：当圆盘是单数时，第一步是将圆盘移动到目标柱；当圆盘是双数时，第一步是将圆盘移动到过渡柱。

思考二：可以分成三个阶段来思考，第一阶段是上一阶的最少步数，第二阶段是1步，第三阶段也是上一阶的最少步数。

继续思考：5个圆盘为 15+1+15=31（步）

6个圆盘为 31+1+31=63（步）

⑤感悟原理

汉诺塔游戏应用了递推的思想，那么64个金片的问题就可以这样来思考：64→63→62→61→60→……（18446744073709551615步）

这种学习形态，寓数学于游戏，让体验自然生发，借助游戏这个有意思的立脚点，使学生在经验的调动中，实现数学知识的习得，数学方法的感悟，数学思想的领会，从而培养了数学核心素养。

第四节　实践应用型学习活动指导要点

实践应用是指运用数学知识、方法来解决各种现实问题，以主动亲历或者虚拟亲历的方式，让学生真切地感知数学的力量，体会知识在生产、生活中的价值，促进学习技能的掌握，提升核心素养。

数学学科的学习，不仅仅是为了知识的记忆和掌握，使学生取得更好的成绩，更重要的是让学生学会运用数学知识解决生活问题，培养学生的数学应用意识。《义务教育数学课程标准（2011年版）》指出："应重视学生已有的经验，使学生体验从实际背景中抽象出数学问题、构建数学模型、寻求结果、解决问题的过程。"数学应用意识是一种精神状态与心理倾向，指的是一种运用数学知识、方法来解决各种问题的心理倾向。[1] 这种心理倾向首先表现为有较好的联想意识，也就是看到生活中的事物，能够联想到数学知识。其次，在遇到问题时能够保持理性的思维，将现实问题抽丝剥茧，高效地思考出解决问题的方案。最后，应用的过程就是巩固的过程。每次学生运用数学知识时，其实就是将数学知识再回忆一遍，巩固一次。

因此，在教学实践中，教师要紧抓数学知识与现实生活的联系，结合生活中的实际案例，让学生在知识的训练中，自主挖掘生活现象中的数学问题，并学会运用数学知识来解决现实中的数学问题。在感性认识的基础上，教师要让学生把获得的材料经过思考与分析，加以去粗取精、去伪存真、由此及彼、由表及里的整理与改造，形成概念、判断、推论。在这个过程完成之后，教师要引导学生回味、比较和梳理建模活动中的方法和策略，通过集体交流，形成对数学建模过程相对完整、准确的共识。

---

[1] 王江. 小学数学教学培养学生的应用意识的实践思考 [J]. 家长, 2021（27）: 36-37.

【学习流程】

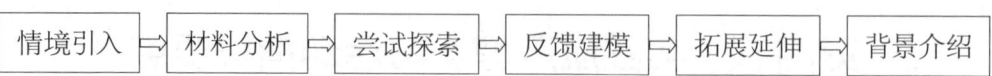

（1）情境引入：呈现贴近学生生活实际的情境，从而唤起学生的学习认知。这个情境可以是生活情境、科学情境、公共常识等；引导学生关注现象，用数学眼光进行观察，联想到数学问题。

（2）材料分析：对情境进行联想、思考、分析，提炼出数学问题，并用数学语言进行表达。

（3）尝试探索：运用画图、列表、操作、计算等方法，尝试解决数学问题，得出相应的结论，并对结论的合理性做出分析。

（4）反馈建模：从对问题的思考中，得出一般性结论，从而形成数学模型。

（5）拓展延伸：把得到的结论拓展到类似的问题或者新的问题之中，产生新的数学问题，再次回到学的状态。

（6）背景介绍：对结论所蕴含的数学思想和方法做进一步的提升。

【学习内容举例】

表4-4-1　四至六年级实践应用型学习活动内容举例

年级	主题	学习要点	评价维度
四上	用统筹法安排自己的生活	运用统筹法的知识合理安排学习或生活	●明白统筹法可以合理安排学习或生活 ●运用统筹法使学习或生活的时间更高效 ●在节约时间的同时，考虑统筹安排的合理性

续表

年级	主题	学习要点	评价维度
四下	设计一份营养午餐	综合考虑营养、口味等,设计一份合理的营养午餐	●设计一份合理的营养午餐 ●能估算菜品的营养成分 ●通过小组合作,形成解决问题的方案,并经历解决问题的全过程
五上	导航中的大数据	导航中的相关数据都是怎么来的?	●学会简单使用导航,从数学角度理解导航中的相关信息,如时间、路程等 ●猜想导航中的相关数据是如何计算出来的,初步认识大数据和云计算 ●通过与他人交流其他应用软件的使用经验,体会大数据给现在生活带来的利与弊
五下	破解病毒的"攻城计"	通过研究病毒传播的数学问题,得出数学模型	●通过画图、列表、计算等,计算一周被感染的病人的数量 ●分析数据的关系,得出数学模型 ●把这个模型运用到新的情境中,解决新问题
六上	比萨中的数学问题	一个4英寸比萨加一个8英寸比萨就是一个12英寸的比萨吗?	●发现并感悟圆半径与圆面积之间的联系 ●用数形结合的方法来解决实际问题,从中体会数学的简洁性
六下	塔中的数学问题	从数学的视角,揭示唐塔美的密码	●了解塔的历史、文化以及塔中简单的数学信息 ●发现塔的层数、面数的寓意;通过观察、猜想、测量、计算、分析等活动发现塔中各部分之间的关系 ●能用学到的数与形之间的关系的知识来观察生活

因用而学
深度学习视角下的小学数学课堂教学实践

【学习案例】破解病毒的"攻城计"[1]

①情境引入

2020年,新冠肺炎疫情让举国上下人心惶惶,就凭它那"黏人"的本领,令百姓们闻"毒"丧胆。政府号召大家都宅家,以阻断病毒的传播。你能否从数学的角度来分析政府的这项号召。

②材料分析

针对这个生活情境,提出相关数学问题:如果1人1天在外活动8小时,每小时传染1人,而被传染的人第二天也会传染其他人,那么从出现第一个病人开始,一周后会出现多少病人呢?

③尝试探索

通过画图、计算等方法,推算一周后会出现的病人的数量。

方法一:第一天一共有9个人感染。第二天新增加了72人,一共有81人了。到了第三天,一共有729人……

方法二:通过画图来想一想,一周会有多少人被感染。

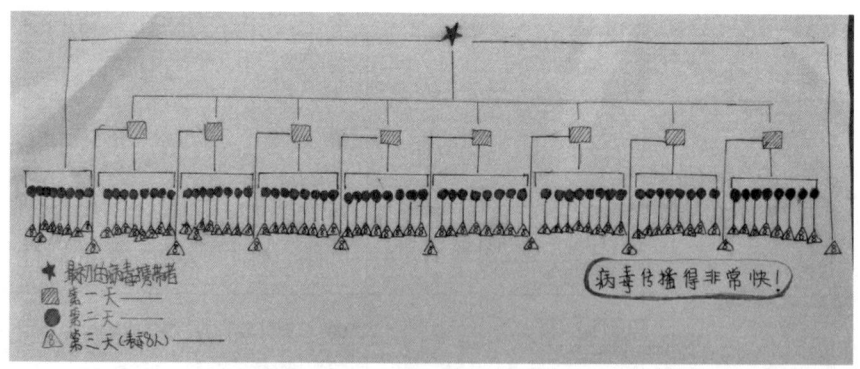

数量惊人,画到第三天就已经画不下了。可以找找规律,根据当天新增加几例、原来几例、总共几例这样的思路列一张表格,继续计算。

---

(1) 本研究主题为海曙中心小学朱雨璇同学实践,周静珠老师指导。

第四章
"因用而学"理念下的小学数学学习活动指导

（单位：人）

天数	第一天	第二天	第三天	第四天	第五天	第六天	第七天
原来几例	1	9	81	729	6561	59049	531441
新增几例	8	72	648	5832	52488	472392	4251528
总共几例	9	81	729	6561	59049	531441	4782969

④反馈建模

根据罗列的数据和图示，构建数学模型，推算出第 n 天被感染的人数。

（单位：人）

天数	第一天	第二天	第三天	第四天	第五天	第六天	第七天	…	第 n 天
原来人数	1	9	81	729	6561	59049	531441	…	9^{n-1}
新增人数	8	72	648	5832	52488	472392	4251528	…	$8\times 9^{n-1}$
总人数	9	81	729	6561	59049	531441	4782969	…	9^n

⑤拓展延伸

拉面问题：拉面馆的师傅，将一根很粗的面条的两头捏合在一起，然后拉伸，再捏合，再拉伸，反复几次，就把这根很粗的面条拉成了许多细的面条。这样捏合、拉伸，第 n 次后可拉出多少根细面条？

棋盘上放麦子问题：一位大臣对陛下说："请您在这张棋盘的第一小格内放一粒麦子，在第二个小格内放两粒麦子，第三小格放四粒。以后每一小格都比前一小格多一倍。请您把棋盘上 64 格内的所有麦子都赏给我吧！"请你思考，把棋盘放满，一共需要多少粒麦子？

细胞分裂问题：假设细胞每一秒钟分裂一次。第一秒后细胞总数由一个变为两个，第二秒后细胞总数由两个变为四个，第三秒后细胞总数由四个变为八个……第 n 秒后细胞总数变为多少个？

⑥背景介绍

这些问题背后的数学知识，都是几何倍增学。数字成倍数增长的问题都叫几何倍增问题，比如拉面问题、棋盘上放麦子问题、细胞分裂问题等。著名科学家爱因斯坦认识到倍增的惊人力量，把它称为"世界第八大奇迹"。

这种学习形态，把学习的主题放在了和学生生活最近的问题上，引导学生通过情境的解读、材料的分析，探索得出数学知识，并推及到其他现实问题，透过现象看到数学本质，提升了学生观察生活、表达生活、思考生活的能力。

第五章

"因用而学"理念下的小学数学学习评价

传统教学认识论倡导"学以致用",但由于理性主义知识观的钳制,在处理知与行、"学"与"用"的关系的问题上时,往往深陷先后论、工具论、机械论等二元论困境。先后论之说,认为"学"与"用"表现为时间先后的顺序,"学"为先,而"用"次之。这一学说认为,学生不是直接同事物打交道,亲身去获得对事物的认识,而是通过读书(包括听讲、观察、实验等)"接受"现成的知识,然后再去"应用""证明"。由此出现了"一份试卷定优劣"的评价模式,导致高分低能的产生。

工具论之说,基于目的与手段关系的视野去理解"学""用"关系,片面化地理解"用",把"用"单一地定性为知识的运用,其目的和作用仅在于服务知识的掌握、巩固,在某些课堂中,知识运用甚至只是"做戏"。在追求高效课堂的背景下,很长一段时间里,传递间接经验是学习的主导模式,"用"是少量的,甚至实践、观察、探究、发现等活动都带有模拟性质,并经过了加工改造、简化和典型化。操作的表面性、讨论的形式性、探究的短暂性都折射出对"用"的忽视,重结果轻过程的评价模式的负面影响力显著呈现。

机械论之说,认为学生能够在多样化情境中开展知识运用的前提在于通过大量的反复操练来巩固知识,默许了学生能对所学知识进行运用仅取决于学生掌握了知识这一观点,忽视了教师教学的方式、课程设计以及学习方式等复杂因素。正如杜威曾批判性地指出:"假使认为积累起来的知识即使不应用于认识问题和解决问题,以后也可以由思维来随意地自由运用,这是十分错误的。"

一些博学多识的人时常陷入大堆知识不能自拔,这是因为他们的知识是靠记忆得来的,而不是靠思维的参与、知识的运用得来的。题海战术让学生深陷苦海,畏惧数学,并发出了"数学无用论"之说。二元论不仅割裂了"学"与"用"内在的一体性,而且难以确保学生的实践能力得到发展。"因用而学"这一教学理念调整了"学"与"用"的位次关系,旨在重估行动、实践的认识论意义,进而更好地促进学以致用。

为此,"因用而学"树立了"评价即改善"的评价理念,以"用"为触发点,变伪情境为社会话题、真实问题,让学生经历真实情境中的任务解决过程;变间接经验的主导式教学为基于任务解决的自主式探究,让学生在任务驱动下对知识进行综合运用,激发他们对学科知识的自主学习力,对关键能力发展的内驱力;变单一化的纸笔测试评价为聚焦于数学学科素养的表现性评价,从学生的抽象素养、推理素养、建模素养等维度出发,关注其"用"知识的完整过程,关注个体的独特经验,关注建模的策略方法。本章依托知与行、理智与德行相统一的认识论意义,讨论三种评价模式,以期改善评价的目的、内容和方式,实现对学生深度学习的助推。

第一节 对目标达成的评价

在"用学"的过程中,教师可依据课程标准设定相应的目标体系,并以此对学生进行学习的评价。学习目标指的是学生经过学习后所产生的结果和行为的变化,是质量标准。在评价的过程中,教师既要关注全体学生需要达成的目标底线,也就是基础性目标,更要关注每一个学生的发展性目标,让每一个学生都有跳一跳摘到桃子的可能。因为,每一个学生都是与众不同的个体,有自己独特的天赋、特性、偏好、天生优势,也有不同于别人的弱点。在经历同样的数学活动过程时,如果教师以统一的标准对所有学生进行评价,犹如工厂生产产品,结果就是让学生成为学习的机器,缺乏个性和创造力。其实,不同的学生因认知基础、认知特点、认知水平的不同,数学发展也不尽相同。所以,教师要在数学活动中让学生充分呈现学力的层次性和思维的多样性,凸显个性化的特征。

强调对目标达成的评价——"在学习的过程中,你学得怎么样?"可以从以下两个层面来评价。

一、学习目标评价可测量

学习目标的设定须经历由大到小、由粗到细的过程:从整个小学阶段的数学学习目标,到学段学习目标,再聚焦和具象到单元目标和课时目标;再从课时目标分解出目标行为动词,进而根据目标行为动词的含义要求确定相应的认知水平层次,最后按照认知水平层次拟定学习表现指标。[1]在宋煜阳老师的研究成果中,我们可以清晰地看到设定可测量学习目标评价指标的具体做法和路径,"圆的认识"一课的学习目标如表 5-1-1 所示。

表 5-1-1 "圆的认识"一课的学习目标[2]

目标层级	目标描述	目标行为动词	认知水平层次	学习表现指标
学段目标	通过观察、操作认识圆,会用圆规画圆	/	/	/
课时目标	1.通过观察、操作,认识圆的各部分名称;理解圆心、半径和直径概念,掌握基本特征	知道名称和定义	操作性记忆水平	正确辨认半径、直径;会画半径、直径
			概念性记忆水平	能填写半径、直径定义
		理解概念特征与关系	说明性理解水平	应用概念解释说明圆有无数条半径(直径)且长度相等,半径是直径的一半

---

(1) 宋煜阳.基于认知水平进阶的概念学习 [J].小学数学教师,2020(7):055-060.
(2) 宋煜阳.基于认知水平进阶的概念学习 [J].小学数学教师,2020(7):055-060.

续表

目标层级	目标描述	目标行为动词	认知水平层次	学习表现指标
课时目标	2.通过观察、操作，掌握画圆的方法，学会圆规画圆，体会定点和定长的含义	学会用圆规画圆	操作性记忆水平	会用圆规画指定大小的圆
		掌握画圆方法	说明性理解水平	能应用圆规画圆原理，解释生活相关现象
		体会定点和定长含义	探究性理解水平	尝试在长方形内画出多个最大的圆或借助圆规以外的工具画圆等

二、学生目标评价有差异

起点差异的评价。评价要面向全体学生，使每一名学生都能在原有的基础上得到发展。不同的学生由于认知能力的不同，所获得的经验就不同。这就要求教师制定分层评价标准，根据不同的教学内容，针对不同的学生制定不同的目标，让不同的学生都能"跳一跳，够得着，摘到桃"，让不同起点的学生都能得到合理的评价。

学习能力差异的评价。学生的发展有一个过程。在发展过程中，由于每个学生都具有不同于他人的素质、生活环境以及生活经验，学生的学习能力存在着差异，获得知识的方法也存在着差异。

例如，在教学"可能性"一课时，学生通过四人小组合作去探究事物可能性的大小。在安排合作探究时，教师可以根据每个学生的能力，让学生分别扮演组长、协调员、资源管理员、记录员（汇报员）的角色。每个小组要协作完成教师分配的任务，而且，每个人都要为本组其他成员的学习负责。如果组内有人遇到了困难，其他成员要提供帮助。

通过四人小组合作探究，我们发现，那些平时回答数学问题很快，看上去似乎很擅长数学的学生，在解释他们的思路时，表现并不是最好的，而那些平时对数学并不那么自信的学生，却能通过不断提问，为其他学生梳理思路。这样，需要帮助和给予帮助的学生，都能在这个过程中受益。因此，教师可以根据学生不同的个性，采取合作探究的方法，让学习能力不同的学生用适合自己的途径获取学习经验。

个性差异的评价。在传统教学中，评价非常强调统一性，不注重学生个性化的思维，这导致学生得不到个性化的评价。久而久之，学生的思维就会僵化，以致丧失创造性思维能力。因此在数学学习目标达成中，教师要重视学生的个性思维，多提问："除了他的办法，你还有其他解决问题的办法吗？"这样会使学生的思维变得具有创造性，而不会只是单纯地模仿。

通过实践与研究，笔者觉得目标达成的评价相对于传统评价有以下三个方面的调整。

首先，从单兵作战到团队共学，关注合作能力的评价。传统评价中落实到的是对个人的评价，忽视了对团队协作共同学习能力的评价。在实际问题的解决中，个人的智慧是有限的，个人的力量是单薄的，应该提倡基于共同体的学习模式，才能达到事半功倍的效果，也能使每一个个体在具体问题的解决中找准个人定位，将个人的价值发挥到极致。因此，笔者提倡：不做失败路上的盲目勇士，可以尝试做成功路上的智慧副将。

例如，"竖蛋中的奥秘"[1]一课中，六名学生为一共学小组开展研究。之后我们对各个小组进行了访谈式评价，表5-1-2为某一小组的访谈实录及评价分析。

表 5-1-2 "竖蛋中的奥秘"一课访谈实录及评价分析		
访谈问题	访谈实录	评价分析
你们是如何分工来完成这项任务的？	生1：我们经过讨论决定画一个复式条形统计图来进行分析。	个体交流与统一意见相融合，合作意识强；对复式条形统计图有初步的认知体验

（1）本课由周玉范老师教学。

续表

访谈问题	访谈实录	评价分析
你们是如何分工来完成这项任务的?	生2:我是负责勾线和画边框的。	对统计图的横轴、纵轴及条形等相关知识已掌握
	生3:我和其他两名女生负责把条形涂满。	具有极强的合作意识
	生4:我是报数据和传递画画工具的。	具有极强的合作意识并善于察言观色,及时为同伴提供辅助
	生5:我是负责看时间的,还剩最后五分钟时,每过一分钟我就报一下。	找准最适合自己的角色,且对于整个任务的及时完成有着至关重要的作用
你觉得哪名同学表现得更好?	生1:统计图该怎么画、我们怎么分工都是王同学来设计和布置的,我觉得王同学表现得比较好。	王同学是本次任务的"顶层设计师"
	生2:我要表扬薛同学,他是负责看时间的,他保证了我们在规定时间内顺利完成任务。	薛同学的任务看似简单,却很重要,缺其不可,因此得到同伴的高度认可,这也使自我评价不高的薛同学信心大增
	生3:我要表扬李同学,当我们需要红颜色的笔时,我们还没开口,他就把笔递过来了,这大大节约了我们的时间。	李同学的合作意识体现在他对自己任务的高精准完成、主动意识强上
在刚才的任务完成过程中,你感受最深的是什么?	生1:我发现团结协作很重要。	体会到团队共学的重要性,通过相互之间的评价,大家对于如何协作、如何高质量完成个人任务,有了进一步的认识
	生2:分工的时候要把任务分得尽可能细一点,这样能保证每个人都有事干。	
	生6:自己分到的任务要动动脑筋想想怎么可以和别人配合得更好、更快。	

学生把自己置身于团队中,从团队学习的角度进行了评价。通过访谈的形式,我们发现,每一个学生都真正参与了学习,而且在学习过程中找到了适合自己的任务,这既使学生个人的能力有所展示,也使学生在共同学习中取长补短。

其次,从一卷测评到项目测评,关注个性化表达的评价。"一卷定优劣,一考定终身",这种通过一张试卷来评判一个学生的学习能力的方式是一种易操作但不够客观全面的评价方式。卷面测试中,往往只能根据结果评判对与错,可是即使错误也存在差异性,而这个差异性很难通过卷面直接表露出来。在追求个性化学习的过程中,我们对学生的评价要从一卷测评调整为项目测评,不再追求一个统一的答案或正确的结论,而是要让学生去体验不同的解决问题的方法或者决策的优劣。下面以"逛鼓楼沿"项目测评的部分内容作为示例。

"逛鼓楼沿"项目测评[1]

宁波鼓楼有着1100多年的历史,登鼓楼可一览宁波城市全貌。那里有着热闹的商业街、古色古香的建筑群、美味的宁波小吃……让我们一起去逛逛鼓楼沿吧!

逛鼓楼沿路线:登古楼识钟面→摸城墙认图形→逛古街议价格→踩石板玩游戏→搭戏台巧装扮。

逛鼓楼沿测评内容及标准(部分):

---

(1) 本评价方案由徐蓓蕾老师设计。

	"逛古街议价格"测评内容及标准	
内容	宁波鼓楼沿是一条商业街,美食是其特色之一。那里有很多宁波独有的美味小吃,人气比较旺的有老宁波油赞子、矮子馅饼、高记糖炒栗子、冰糖葫芦等。 16元/斤　10元/盒　25元5角/袋　6元8角/根 （1）说一说:你想购买哪几种美食? （2）算一算:一共要付多少元? （3）付一付:付出相应的钱。（如果钱数不是正好,请自助找零）	
评价目的	学生经历购物的真实过程,将人民币相关知识加以应用。考查学生对人民币的认识、计算的水平,及综合应用知识的能力。	
评价标准	说一说 算一算	☆☆☆:能根据计划巧妙且正确、快速地算出相应的钱数。 ☆☆:能根据计划快速、正确地算出相应的钱数。 ☆:能根据计划正确地算出相应的钱数。
	付一付	☆☆☆:能快速、正确地付出或找回相应的钱数。 ☆☆:能较正确地付出或找回相应的钱数。 ☆:第一次有错误,第二次正确了。

这是一年级下册的一个学习项目。这个项目充分挖掘学校附近的人文资源——国家文物重点保护古建筑鼓楼,以逛鼓楼沿作为主题,在登、摸、逛、踩、搭的环节中,逐一对学生一个学期的学习进行评价,里面涉及数的认识、数的计算、时间、分类、规律等相关知识。在"逛古街议价格"的评价中,我们发现,这样的评价注重学生的个性,购买什么凭个人喜好,怎么付钱凭个人思维习惯。评价标准针对不同的学生,有着层次化的区分,将动态的评价过程按星级分层,使评价更为客观、真实。

再次,从唯一思路到多元解法,关注思维发展的评价。评价不能只重视"量",

"用学"的评价是重视"质"的评价。评价不仅要解决"学到多少"的问题,更要解决"学得多好"的问题。在实践中,我们引进了SOLO分类评价理论,下面以"吃不完的巧克力"[1]一课对思维的评价为例。

【研究背景】一块巧克力像这样切四刀,然后重新拼起来。

思考:怎么会多了一小块巧克力?

学生的回答及思维层次水平		
回答类别	SOLO层次	思维评价
"没有任何数学信息,不会做。" "不知道怎么做。"	前结构	学生缺乏做这题的主观能动性
"我仔细观察了,发现拼起来后的巧克力比原来的巧克力短了一截。"	单点结构	从外形进行观察和发现,陈述了结果,缺乏数学的思考
原巧克力面积:6×4=24 重组后的巧克力面积: 　6×4=24　　24+1=25 判断:25＞24	多点结构	将巧克力中的小块对应到面积,从面积计算的角度切入,并进行比较,有数学的思考,但仅仅是以结果推结论,不具备数学的逻辑推理性

---

(1) 本课由周静珠名师工作室胡冬南老师老师教学,具体详见第六章。

续表

回答类别	SOLO 层次	思维评价
认知前提：巧克力的大小并没有改变，即没有多出一块巧克力。 方法①：$6×4=24$　　$24-1=23$ 　　　　$23÷4=5.75$　　$6-5.75=0.25$ 　　　　$0.25×4=1$ 重组后的巧克力少了一块。 方法②：$1÷4=0.25$ 　　　　$1-0.25=0.75$ 重组后的第三行的长少了 0.25，$0.25×4=1$，所以少了一块。	关联结构	利用面积不变性质反向推导长度减少的量，用"假设—验证"的方法求出减少的长度，进而验证减少的是一块巧克力，也证明了重组前后的巧克力的总面积是不变的
$1:4=x:3$（形状相同的两个三角形，高和底的比值相等） 解：$4x=3$ 　　$x=0.75$ $1-0.75=0.25$ $0.25×4=1$（即少了的一块巧克力）	抽象扩展	利用数形结合的思想，能从全局观察到局部图形的"错位"，进而利用"形状相同的两个三角形，高和底的比值相等"的关系，通过解比例来解出减少后的巧克力的长度，得出减少的面积就是少了的一块巧克力

第二节　对过程经历的评价

"用学"的成果是学生在亲身经历数学活动的过程中获得的。传统的评价方式导致很多教师只重视传授知识、训练技能,将学生构建知识的过程变成了一个被动接受,甚至是机械训练的过程。"用学"评价观以学生发展为宗旨,以全面了解学生的数学学习过程为目标,以过程性评价为理念。

1. 重视以生为本:小学数学学科重在发展学生的"四基四能",在学习过程中培养学生在数学抽象、逻辑推理、数学建模、数学运算、直观想象、数据分析等六个方面的数学学科素养。如何全面、客观地评价学生在知识掌握、技能熟练、方法习得、素养发展等方面的成效?"用学"评价观着眼学生的整体发展,从课堂倾听、同伴合作、互动交流、探究实践、作业完成等多个角度观察和记录学生在学习过程中的点滴变化,及时给予点评和反馈。

2. 重视以学思教:教与学是相辅相成的,对学习过程的评价与教学过程中的反思如果能形成一个良性循环圈,教师就能及时诊断出学生在学习中存在的困难,及时调整和改善自己的教学方式。教师全面了解学生学习数学的过程,就能帮助学生认识自己在解题策略、思维习惯上的长处和不足。

3. 重视以学论教:教学要真正坚持以学生为主体、以学生发展为本的教育理念,发展以学生的学来评价教师的教的以学论教的评价思想。因此,"用学"评价主要从学生的情绪状态、注意状态、参与状态、交往状态、思维状态、生成状态等六个方面来进行评价。

关注对"学的过程"的评价——"在解决问题时,你是怎么想的?"这可以从亲历层面和思维层面来进行。

一、亲历层面

学生在数学学习中亲历发现问题、提出问题、形成设想、搜索资料、分析问题、获得结论、表达思想、交流成果等一系列过程，从而形成主动探索、努力求知的心理倾向。这种亲历性学习对学生的发展至关重要。亲历层面的评价，也就是评价学生在亲身经历相关知识的形成过程中是否积极主动、身心投入。

1. 描述性自评和他评

"因用而学"的过程中，教师只有关注每一个环节中学生的发展，才能实现评价的真实性和全面性。教师可以引导学生回顾学习过程，展开自我评价和同伴评价，促使学生学会反思，取长补短。

例如，"平面图形面积的探究"一课的评价环节中，教师设置了以下描述性的评价场景：

师：请你回忆一下，我们是怎样利用所学知识推导平面图形的面积计算公式的？你如何评价本组的探究？

生1：我们根据研究长方形面积的方法尝试了将平行四边形放在格子图里，将平行四边形转化成长方形，推导出了平行四边形的面积计算公式。之后在三角形、梯形面积计算公式的推导中，我们都利用了格子图。我们发现格子图是一个非常好的工具。我们组的工具选得非常好，格子图可以说是一个万能工具。

生2：我们组是沿着平行四边形的高剪开，然后拼成长方形来研究。之后的图形，我们都尝试了这种剪拼的方式。虽然麻烦了一点，但是我们组最大的亮点就是运用了不一样的方法。我们发现解决问题不一定只有一种方法。

生3：我们组也是用剪拼的方法得出了平面图形的面积计算公式。我们发现可以将新的问题转化成旧的问题来解决。不过和B组相比，我觉得我们组在方法多样化的探索上还不够，要向B组学习。

通过上例不难发现,学生在回顾学习过程时,因为有着诸多的亲历经验,所以有深刻的体验,而且能非常真实地在与同伴的对比中总结经验,发现不足。这丰富了学生活动的经验,体现了"用"与"学"的有效融合。

2. 历程量化评价

语言的阐述是一种评价的方式,但由于受到时间和班级总人数的限制,教师无法在课堂上对每一名学生进行评价。因此,教师可以尝试采用量化的方式进行评价,根据学习过程中的基本要点设计评价指标,然后由学生针对指标进行自我评价或同伴评价。这种方式实效性强,所得数据也为教师进行教学评价和教学整改提供了一手资料。表 5-2-1 是"怎样设计一份合理的营养午餐"[1]量化评价表。

表 5-2-1 "怎样设计一份合理的营养午餐"量化评价表	
你在完成今天学习任务的过程中是否进行了仔细的研究?请按下列维度给你自己打分,5 分表示最高分,1 分表示在这个维度上还有待努力。	
维度	得分
1. 在规定的时间里,我充分研究了这个主题。	
2. 我和我的伙伴共同探讨方案。	
3. 我对信息进行了筛选。	
4. 我在第一次小组活动中,研究思路是清晰的。	
5. 我在第二次小组活动中,在设计合理的营养午餐时,用到了数学估算知识。	
6. 我对我们小组的成果进行了整理和呈现。	
7. 我能清楚地描述思考过程。	
8. 我能客观公正地评价自己和他人。	

---

(1) 本案例由王赛金老师教学,具体详见第六章。

这样的量化评价贯穿学生学习的全过程,改变了以往评价的随意性、盲目性,能让学生在评价时有条目可循。在条目比对中,学生也能更为细致地对应自己的学习表现。在实践中,我们发现经历这样的评价,学生的探究意识更加明确,"用学"的体验更为深刻。

二、思维层面

判断学生是否学习,要看学生的数学思维是否参与。仅是模仿、记忆的数学学习不能称为数学活动。因此在展开教学之前,教师须提前预设学习的进程,尤其要思考进程推进的每一个环节中学生在思维层面上的发展,及可以通过何种手段来观察并加以评价。我们在实践中发现,用 SOLO 分类评价理论来评价学生的思维发展水平比较客观和。表 5-2-2 是基于 SOLO 分类评价理论的"用一张 A4 纸制作一个容积最大的立体图形"预设评价表。

表 5-2-2 "用一张 A4 纸制作一个容积最大的立体图形"预设评价表

"用—学"预设流程	评价预设点	SOLO 层次
思考:用一张 A4 纸制作一个怎样的立体图形容积最大?		
预设第一个环节		
学生 1:胡乱猜想。	学生 1 无法抽取问题线索,对应的解答完全混乱	前结构
学生 2:先思考可以制作哪些不同的立体图形(圆柱、长方体、正方体、三棱柱)。	学生 2 抽取问题线索,指向图形特征	多点结构
预设第二个环节		
学生 1:因为是 A4 纸,容积近似于体积,根据各种立体图形的体积公式,分别测量对应的数据。	学生 1 关注了容积与体积的关系,且能应用各种立体图形的体积公式来推理所需信息,但没能关联体积的共性	多点结构

续表

"用—学"预设流程	评价预设点	SOLO 层次
学生 2：立体图形体积的通用公式是"底面积×高"，因为用同一张 A4 纸制作，所以高相等，只要比较底面积就可以了。	学生 2 利用体积的通用公式，建立了不同立体图形间的联系，从结构角度展开了思考	关联结构
预设第三个环节		
学生 1：同一张 A4 纸即底面周长相同，如何比较底面面积呢？	学生 1 在第二个环节中听了学生 2 的发言并加以理解，但在第三个环节中无法抽取对应线索	多点结构 关联结构
学生 2：当周长相同的情况下，圆的面积最大，因此圆柱的容积最大。	学生 2 从体积的通用公式进一步推理到周长相同情况下的面积情况，最终解决了问题，得出了答案	抽象扩展

从上表中可以发现，学生 1 的思维发展是从最初的前结构到多点结构，最后从多点结构往关联结构发展，一般这一类学生思维的发展依赖于学生 2。可见，这类学生的思维在发展，但独立发展能力弱一点，需要教师和同伴的辅助。学生 2 的思维发展则经历了从多点结构到关联结构再到抽象扩展的过程，在"用一张 A4 纸制作一个容积最大的立体图形"的驱动下，这类学生能综合性地运用所学知识解决问题。这次学习既是一次问题解决的过程，也是对立体图形的体积和容积知识复习整理的过程。这样的学习过程对于促进学生的思维发展，是有实效性的。

第三节　对运用能力的评价

"用学"的目标是学而用之，也就是在实践中检验学习成果，把"学"中体会到的外显和内隐的结果表现出来。学生的数学学习过程是一种动态而灵性的展示，它既能反映学生数学学习的水平，又能反映学生在其中的情感和态度。因此，教师要引导学生在知识的运用中学习，解决真实情境中的问题，把知识的掌握转变成知识的运用，把"用"融入知识的形成、解释、应用、创造过程，在应用、分析、综合、评价中，逐步实现"用""学"一致，"用""学"合一。"用学"评价观旨在评价问题解决的过程，改变只看结果的评价方式。这种评价方式能深入剖析学生运用已有知识解决问题，并在此过程中使用策略方法的水平，进而更为客观地对学生做出评价。

重视对"运用能力"的评价——"你能借助原有的经验来解决问题吗？"

学生的学习质量与学习效果在很大程度上取决于学习策略。研究表明，学习策略的水平会随着学生的年龄不断提升。学习成绩优异者与学困生相比，他们所使用的学习策略的数量是相近的，只是学困生的计划性和针对性相对较弱。为此，教师需要对学生所使用的学习策略的情况进行深度的评价。怎样才能实现针对学习策略的显性评价呢？

一、搭建"脚手架"，让运用能力评价有迹可循

学习中，面对难以破壁的现象，教师需要为学生提供"脚手架"，为他们的思考开辟一条捷径，比如思维工具表、问题解决流程图、探究性对话、核心知识评价量规等。这些"脚手架"使得经验更丰富的教师帮助学生跨越了最近发展区，充分发挥潜在水平。

例如，"自行车的哪些设计与速度有关"一课中，为了帮助学生梳理出该问题的解决路径，教师利用思维工具表激活学生的已有知识，建立创造性的联系，同时也使学生在这个问题上的困难和盲点充分暴露。

"我们的猜想"是个体思考所得，在于评价每一个学生思维的创新性，既有量的体现，又有质的对比，想到的越多，学生思维的敏感性就越强；"三个最优猜想"是小组交流所得，学生需要在认可他人观点的基础上，加入自己的思考和创意；"我们的结论"则是全班学生共议后所得，这一步是学生对问题进行思考后的提炼和归

图 5-3-1 "自行车哪些设计与速度有关"思维工具表

纳。通过这样三个环节,学生经历了"猜想 — 思考 — 结论"的过程,而利用思维工具表既能评价每一个学生在该问题中的思维发展水平,又能评价学生对策略提炼的能力,实现了评价有迹可寻。

二、巧设"扩容器",让运用能力评价有案可稽

曾任耶鲁大学校长 20 年之久的理查德·莱文(Richard Levin)说:"不传授任何知识和技能,却能让人胜任任何学科和职业,这才是真正的教育。"教学中,我们需要留给学生更多的空间和时间,让他们学会举一反三,甚至举一反十,而评价的目的就在于引导学生触类旁通。我们将这个过程形象地比喻为"扩容器",以期通过评价让学生有更多创新的点子。

例如,教学完"求不规则图形的面积"一课后,教师布置了一个作业:回想生活中经历过的需要计算不规则图形面积的事情,写一篇数学小日记。下文是学生上交的作业之一。

谁的"面子"大[1]

嘀嘀嘀,密码开锁的声音响起,一周岁的妹妹摇摇摆摆朝门口走去。一定是爸爸回来了。果然是爸爸,妹妹一手抱住爸爸的腿,一手抓起地上的拖鞋,兴奋地望着他。"你爸的面子可真大,妹妹还帮着拿鞋。"妈妈调侃道。爸爸笑眯眯地说:"你的面子比我大,她睡觉的时候只肯让你抱着。"这时,他们都看向我:"元元,你说我俩谁的面子大?"

"谁的面子大不好说,不过谁的脸大可是一眼就能看出来。"我笑嘻嘻地说。这时,一个疑问突然跳入我的脑袋——人脸的表面积能算出来吗?这可是个不规则图形。带着疑惑,我脑洞大开。

妈妈不是每天都在敷面膜吗?我的脑袋里忽然跳出个念头——面膜紧紧地覆盖在脸上,它的面积不就是人脸的表面积吗?可以用"面膜覆盖法"计算吗?那么就拿妈妈的面膜来试一试!

我拿来一片面膜,小心翼翼地打开,化身"小白鼠"做起实验。面膜覆盖在我的脸上,比我的脸大了整整一圈,我拿来剪刀,将面膜修剪成合适的大小。

把修剪完的面膜晾干后平铺在纸上,用笔在纸上勾勒出线条时,我突然发现,这个不太规则的图形可以进行分割,分割后,我就可以用在学校学过的求组合图形面积的方法进行计算了。于是,面膜被我分割成长方形、三角形和半圆形。其中,半圆形的半径为10厘米;长方形的长为20厘米,宽为2.5厘米;三角形的底为20厘米,高为5厘米。我的脸部表面积约等于257平方厘米。

有了第一次的操作经验,我思如泉涌。嗯,对了,乐高有那么多的模型,我也可以给我的脸蛋做一个脸部模型呀!不

---

[1] 本数学日记作者为海曙中心小学朱昕怡同学,张颖老师指导。

如就用米粒做个模型吧。

说干就干，我立马准备了一个脸盆，里面装满家里的口粮。我深吸一口气，把脸埋进了米堆，抬起头时，我的脸上沾满了米，脸盆里也留下了我的"脸印"。脸盆里的模型接近于椭圆，椭圆面积 $S=\dfrac{\pi \times 长轴 \times 短轴}{4}$。我用公式计算后得出，我的脸部表面积约等于251平方厘米。

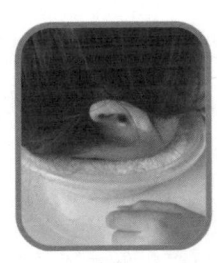

用尺子测量后得出，这个椭圆的短轴为15厘米，长轴为19厘米。

还有些米粒粘在我的脸上，我来到镜子前打算好好洗个脸。咦？镜子里的我不就是最真实的我嘛，我还可以利用镜子计算自己脸部的面积呀。就试试"镜子描线法"吧。于是，我找来一支牙膏，再把脸贴在镜子上，用牙膏在镜子上描出脸的轮廓。

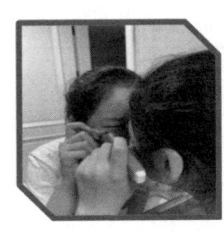

这是我用牙膏描出的"加强型"轮廓。

把脸贴在镜子上描轮廓可真不容易。我的脸子伸得长长的，镜面上都是我呼出的雾气。我费了九牛二虎之力才把轮廓描好。经过分割计算，镜子上的轮廓的面积约为238平方厘米。

我发现，镜子描线法和面膜覆盖法都使用了分割法进行面积的计算，但是两者的面积竟然相差约20平方厘米，这是为什么呢？仔细一想，原来镜子描线法中，我落下了鼻子的表面积，两种方法的区别如下：

测量方式		得出脸部面积（平方厘米）	区别	结果
面膜覆盖法	分割法	257	严丝合缝地覆盖每一寸肌肤	更加精确
镜子描线法	分割法	238	脸的投影面积,并没有包括脸部器官的突出面积,比如鼻梁、鼻翼两侧的面积等	表面积偏小

看样子,我的鼻梁还挺高,哈哈!

我这边正忙着自己的"小实验",那边爸爸"盯"上了我。观察了我的操作方法后,他在一边笑了起来:"你这个小笨蛋,我们还可以用更科学的方式计算出脸部的表面积。你可以试试公式计算法。"

"真的吗?"我不太相信,爸爸以某位明星的鹅蛋脸为例给我列出了公式。椭圆面积的长轴和短轴,到了人脸上时,就是脸长和脸宽。但并不是所有人的脸都是标准的椭圆形,因此需要一个脸面系数 k,以修正椭圆公式,得到脸面公式。哇,真是太神奇了,脸面积居然有计算公式!

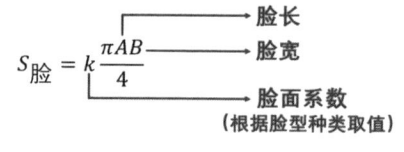

$$S_{脸} = k \frac{\pi AB}{4}$$
（脸长、脸宽、脸面系数 根据脸型种类取值）

经过一番捣鼓研究,我的成果出炉啦。

方法	优点	缺点	结果
面膜覆盖法	可以轻而易举知道脸的大小,还能顺便蹭个面膜	脸较大的人,面膜覆盖不了	相对精确
米粒模型法	可在家中获得工具	如果无法完全把脸埋进米粒里,模型就会偏小,且米粒中空气少,存在危险	表面积偏小
镜子描线法	操作方便	只是脸部投影,少了鼻子的表面积	表面积偏小
公式计算法	计算简便	需要大量数据支持	相对准确

有那么多的方法计算脸部的表面积,这下,我可知道家里"面子"最大的是谁啦!

从 1.0 版的按部就班到 2.0 版的结合实际情况的设计,我们看到了学生在真实场景中的自主"扩容",真正达到了学以致用的目的。而这一切都来自我们对评价内容的思考及评价方式的改革。学生的这份作业就是一个很好的例子。

三、安置"留影机",让运用能力评价有据可依

数学学习评价中,我们更多的是关注知识和技能,而数学思想方法、数学活动经验、数学素养等既看不到也摸不着,我们很难就这些内容对学生加以评价。根据"用学"理念,我们需要培养的是适应未来社会的人,他们需要有"用学"的意识。为此,在学习过程中,教师要关注对数学策略方法的教学,同时要时时留痕,在潜移默化中向学生渗透学习的重点和要点,进而培养学生自主提炼策略的能力。

例如,"用一张 A4 纸制作一个容积最大的立体图形"一课的教学中,教师充分利用板书留痕,当学生探究结束后,黑板上留下了这样的板书:

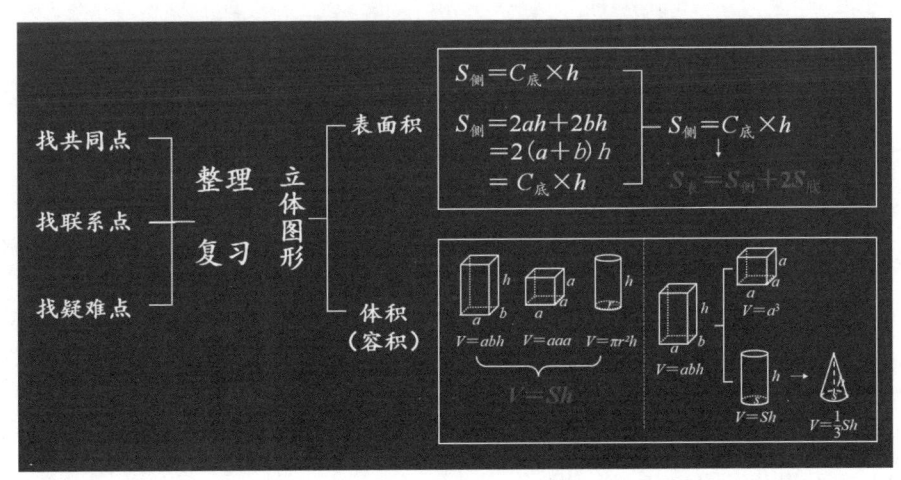

图 5-3-2 "用一张 A4 纸制作一个容积最大的立体图形"一课板书

利用板书,学生总结回顾了本节课的学习内容。学生的思维水平可以分成以下几种:

表 5-3-2 "用一张 A4 纸制作一个容积最大的立体图形"学生思维水平层次

思维水平	具体表现	评价分析
水平 1	复习了各种立体图形的表面积和体积公式	立足于知识层面的概括
水平 2	立体图形的侧面积的通用公式是 $S_{侧}=C_{底} \times h$，表面积的通用公式是 $S_{表}=S_{侧}+2S_{底}$，体积的通用公式是 $V=S_{底} \times h$	既关注了知识层面，又能从联系的角度进行总结
水平 3	通过找相同点、联系点和疑难点，对立体图形的侧面积、表面积和体积公式进行了复习，厘清了它们之间的区别和联系	能从知识、技能、方法等角度进行总结

由此可见，一节课的板书是最好的"留影机"，它能实况记录一节课的学习重点和难点，也能帮助学生学会学习的方法，总结和提炼学习的策略。利用好板书，可以全面评价学生的策略意识，也能为学生的后续学习提供必要的思维工具。

第六章

小学数学创新教学案例设计

案例1 "圆的认识"单元典型案例设计

探索圆之"源" 迈向圆之"远"

【学习内容】

圆的认识

【适用年级】

六年级

【驱动问题】

同学们在操场上玩套圈游戏,需要布置场地。那么如何在操场上画一个圆形呢?

【课前思考】

(一)"因用而学":思考"圆的认识"目标定位

人教版的教材呈现了生活中的圆、怎样画圆、圆的各部分名称等,但这仅仅是知识的外部要素,而非概念的本质属性。如果从目标定位考虑,把学习目标仅仅指向外部要素是远远不够的。学者面临着一个问题:究竟什么是圆?六年级教材中

因用而学
深度学习视角下的小学数学课堂教学实践

没有明确的定义,精确的定义将在第三学段才会出现。而在各种定义圆的说法中,无论是轨迹说还是集合说,对于小学阶段的学生而言,在理解和感悟上都有很大的困难,小学生也不具备相应的知识储备。因此,在教学实践中,我们必须精准地找到圆概念的表述,并通过这一表述引导学生理解圆的概念。墨子所给出的定义,即"一中同长",简单明了,既能让学生较直观地理解圆的概念,也能让学生获得民族自豪感。

(二)"因用引学":思考"圆的概念"抽象建构

概念是高度抽象的,精炼的。而对于圆,学生并非"一穷二白",生活中的丢手绢游戏、套圈游戏等,学生自然而然就排成了圆形的队伍,因为他们知道这样才公平。学生眼中的公平即图形中的等距,这是学生学习的生长点。因此,在教学中,教师要充分调动学生的已有生活经验,通过活动将学生的生活经验去伪存真,对其进行加工、改造、提升、辨析、综合,使其经历数学概念抽象化的整个过程,最后成为一个正确的数学认知。

基于以上思考,笔者力求基于学生的生活经验开展学习活动,使学生感受圆的特点,达成对圆的数学本质的认知。

【教学目标】

1.通过探究活动,围绕圆的特点,让学生感悟什么是圆,并能根据圆的特点画圆。

2.通过微课学习和验证活动,让学生认识圆的各部分名称和特点,感受数学的极限思想。

3.通过介绍数学历史,渗透德育,提高学生的民族自豪感和文化自信。

教学重点:感悟圆的概念,认识圆的各部分名称和特点,学会用圆规画圆。

教学难点:感悟圆的概念,感知极限思想,提升空间观念。

【课堂实录】

(一)问题驱动思考

师:在这三个套圈游戏中,你觉得哪种队形更公平?

想一想：在套圈游戏中哪种方式更公平？

 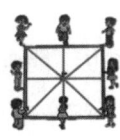 

生1：第一种不公平，每个人离小旗的距离都不同。

生2：第二种不公平，一部分人离小旗的距离较远。

生3：第三种最公平，每个人离小旗的距离都一样。

师：原来圆这个图形还有这样的特点，今天我们就一起来研究它。

（二）思辨明晰概念

师：要在操场上画这样一个圆，你有什么好方法吗？一起讨论。

生1：拉绳画圆。（现场演示）

生2：拿一根小棒，固定脚的位置，固定小棒角度，画一圈。（现场演示）

生3：固定一个点，等距离地找若干个点，把这些等距离的点连起来。（现场演示）

师：这些画圆的方法有什么共同的地方吗？

生1：都有一个固定的点。

生2：都有一段固定的长度。

生3：画圆工具圆规也有一个定点。

师：谁来介绍一下数学中画圆的工具圆规？

生1：针尖就是固定的点。

生2：两脚叉开的距离就是固定的长。

（三）实践加深理解

师：实践出真理，请你自己试一试，在纸上任意画一个圆，并和你的同桌交流用圆规画圆的方法。

师：有的同学画成功了，有的同学画的圆似乎有点问题。

生1：可能针尖发生了变动，圆就画不好了。

生2：可能两脚叉开的距离发生了变动，这样也不能画好圆。

师：同学们很快就发现了形成圆的两个"小秘密"：定点、定长。

（四）微课夯实基础

通过幽默风趣的微课，串联零散的知识点，认识圆的各部分。

微课呈现：

　　圆心：一中，指的就是圆的中心点，我们习惯把它叫作圆心，一般用字母 O 来表示。

　　半径：同长呢？说的就是这一条线段吗？No！它说的是连接圆心和圆上的任意一点的线段哦，可不止一条呢。我们习惯把它们叫作半径，一般用字母 r 表示，因为它是英文单词 radius 的首字母。

　　直径：通过圆心，并且两端都在圆上的线段，我们习惯把它叫作直径，一般用字母 d 来表示，因为它是英文单词 diameter 的首字母。

　　半径与直径的关系：它们是有联系的。什么联系呢？眼尖的小伙伴们早就看出来了吧，直径里面不就有两条半径，半径可不就是直径的一半吗！数学结论只靠观察或者望文生义还是过于草率，想一想，它们之间的联系还有别的方法来验证吗？它们之间还有哪些共同的地方呢？

师：通过小短片，你学习到了哪些知识？

生1：认识了圆心、半径、直径。

师：你能上来把它们画出来吗？边画边介绍什么是圆心、半径、直径。

生2：还知道了它们的关系。

师：你从短片中学到了什么？怎么验证？你们有没有别的验证方法呢？同桌之间拿着圆片试试看吧。

生1：可以通过量一量来验证。

生2：可以通过折一折来验证。

生3：圆上有无数个点，就有无数条半径和直径。

（五）练习提升思维

1. 用圆的特征解释生活现象

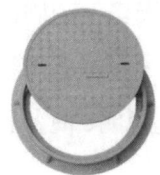  

师：说一说，这些物品为什么都要做成圆的？

生1：圆内最长的线段就是直径，所以窨井盖不会掉下去。

生2：对，其他形状的窨井盖就容易掉下去。（演绎操作）

师：是啊，无论窨井盖是什么状态，都会因为最长的那条线段——直径，而被卡住。

生3：圆桌使用时，每个人离菜的距离都一样。

生4：并且圆桌还有团圆的意思。

生5：我觉得圆桌会议还有公平、公正的寓意。

师：大家除了会从数学的角度来解读圆，还会从生活的角度发现关于圆的新的寓意。

2. 把对圆的认识拓展到空间

师：闭上眼想象，墨子所说的"一中同长"如果放在立体空间中呢？

生1：我觉得会是一个球。

生2：如果从一个点出发，有无数条同样长的线段向四面八方发散，那一定会形成一个标准的球。

【案例点评】

（一）从公平到等距，完成数学概念的建构

第一个环节中，创设情境，让学生粗浅感知圆的特点。通过创设玩套圈游戏的情境，抛出生活问题：三种不同的队形，你会选哪一种队形来进行游戏，说说你的想法。这样的生活情境能够唤起学生对圆的原有认知：圆才是公平的。

第二个环节中，探讨操作，让学生初步感知圆的概念。承接上一环节，提出问题：要在操场上画这样一个圆，你有什么好方法吗？在这个学习环节中，每个学生都是学习的主体，通过各抒己见、补充说明，提出各种在操场上画圆的方法。主要涉及的方法有徒步画圆、拉手画圆、拉绳画圆、转尺画圆等。在每组学生表达和叙述的过程中，教师配合以一定的道具演示，加以各项补充说明，使各种画圆方式生动形象，一目了然。

有了操作活动作为素材，接下来探索核心问题：这些画圆的方法有什么共同的地方？学生能够比较顺利地发现都有一个固定不变的点，都有一条固定不变的线段。这也就是圆的概念的两个关键词：定点和等距。在这样的活动交流中，学生成功实现了从生活经验的公平到圆的本质概念即等距的飞跃。

接着学生学习用圆规画圆。通过分享成功的经验，以及分析失败的原因，学生不仅学会了用圆规画圆，而且还进一步巩固了圆的概念。

最后通过学生举例和教师举例，推进了学生对圆的概念的达成。配合中国古人墨子对圆的定义"一中同长"的呈现，让学生感悟圆的概念的教学目标已经达成。

（二）从讲授到微课，形成散点知识的结构

第四个环节的微课学习，整合了各个分散的陈述性知识。针对六年级学生的学习心理和语言特点，微课语言卡通化、网络化，拉近了与学生之间的距离，使学生的学习注意力再次高度集中。在微课学习中，除了书本中介绍的圆的各部分名称、特点，学生还感受到了各字母表示的真正含义，增进了对语言文化的认同感。当然，仅仅通过微课来教学数学知识是浅显的，接下来的教学重点就是用更数学化的方法来验证半径和直径的关系：量一量，用数据来说话；折一折，用操作来说明，甚至还可以用推理的方法来验证。

（三）从知识到文化，实现数学育人的目的

最后的练习环节，第一层练习是说一说为什么要把生活中的一些物品做成圆形，分别用了哪些知识。学生先通过自己的经验和语言进行描述，辅之以数学化的解释说明，真正使数学来源于生活，又应用于生活。教师渗透中国人的圆桌文化，即圆桌是团圆、圆满的文化象征，而国外的圆桌文化中，圆代表着公平、公正、平等。这既夯实了学生对圆的数学理解，又丰富了圆的文化内涵，发展了学生的核心素养。第二层拓展练习中，通过让学生进行空间想象，进一步丰富了学生的空间观念，也为学生下一阶段继续学习球的相关知识做好了一定的准备。

案例2 "有趣单位面积：r^2"单元典型案例设计

解密 r^2 塑整体思想

【学习内容】

圆的面积

【适用年级】

六年级

【驱动问题】

在方圆组合图形中，如何通过正方形的面积求得圆的面积？

【课前思考】

（一）"用"的需求悄然而生：破 r 的思维定式，立 r^2 的整体意识

学生对于圆面积的求解，一直停留在"先获得半径 r 的数据，再通过面积公式 $S=\pi r^2$ 进行求解"，往往意识不到求得半径 r 的目的是求得 r^2，再通过 r^2 求得圆的面积。这种只关注局部而不关注整体的思维方式就如"不识庐山真面目，只缘身在此山中"。如果能够将 r^2 看成一个整体，反而能够将复杂的问题简单化，快速准确地解决有关圆面积的问题。更重要的是，在小学阶段，学生能够经常用这样的思维方式来解决问题。比如解稍复杂的方程，可以把 ax 或者 $(x\pm a)$ 看成一个整体来思考，这有利于学生掌握解稍复杂方程的方法。因此，从"为用而学"的视角出发，我们要引导学生突破思维定式，在解决某些问题时能够敏锐地意识到，可以有目的地将某些部分看成一个整体，以达到快捷、有效地解决问题的目的。

（二）"用"的能力自然提升：强数形的关联，构 r^2 的图像思维

在提升学生实际应用能力时，图像思维是一个很有效的方法。可以运用图像，把复杂问题简单化，把抽象问题直观化。r^2 在面积计算公式中是一个代数式，而在空间中是一个正方形的面积，这是一个数与形完美结合的学习点。因此，学习的路径有两条，一条是通过观察方圆结合的图形，从图形中找出 r^2，知道圆中以圆的半径为边长的正方形的面积就是 r^2；另一条则是通过 r^2 联想图形会是怎样的。一正一反两条路径，强化了图形与 r^2 的关联，促进学生形成见数即见形，见形即见数的图像思维。

【教学目标】

1.通过对方圆组合图形的探索，掌握将 r^2 看成整体求解圆面积的方法。

2.在对问题的探索中，感受解决问题方法的多样性。同时通过比较多种解题方法，感悟不同方法的本质是相同的这一道理。

【课堂实录】

（一）关联已知，引向新问题

（出示课题：方圆之说）

师：看到这个课题，你们想到了什么？

生1：外方内圆，外圆内方。

生2：圆与正方形的关系。

师：是呀，我们已知圆的半径，可以计算出这圆形与正方形的面积。（课件演示）

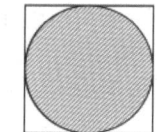

师：如果现在不告诉你们圆的半径，而是已知正方形的面积是 $20\ cm^2$，你们能求出圆的面积吗？

（二）方法联想，提出解决方案

1. 交流想法，形成初步方向

师：同学们可以先独立思考，想一想你有什么好方法。

生1：可以先求正方形的边长，边长就是圆的直径，再求出圆的半径，根据公式计算圆的面积。

生2：可是正方形的面积是 $20\ cm^2$，我们不知道哪个数的平方是20，求不出正方形的边长，也就求不出圆的半径。

师：要求得圆的面积，一定要知道圆的半径吗？让我们来试着算算这道题，看看有几种方法。请拿出学习单，完成在第一题的方框里。

2. 独立尝试，展示思考方法

师：谁愿意来介绍一下自己的想法？

方法1：如果把正方形的边长看作 $2r$，那么正方形的面积就是 $2r \times 2r = 4r^2$，$r^2 = 20 \div 4$，圆的面积 $S = \pi r^2 = 5 \times 3.14 = 15.7$（$cm^2$）

方法2：因为圆的面积：正方形面积 $= \pi : 4$。所以圆的面积 $S = 20 \div 4 \times \pi = 15.7$（$cm^2$）。

师：听明白他介绍的了吗？圆的面积：正方形面积 $= \pi : 4$ 是怎么来的？

生：圆的面积是 πr^2，正方形面积是 $4r^2$，约分后就是 $\pi:4$。

方法 3：如果把正方形的边长看作 $2r$，那么正方形的面积就是 $4r^2$，圆的面积是 πr^2。那么圆的面积就是正方形面积的 78.5%。$20 \times 78.5\% = 15.7$（cm^2）。

师：这里的 78.5% 是怎么来的？

生：78.5% 就是 $\pi:4$ 的比值。

3. 比对方法，揭示方法本质

师：刚才你们可真棒，用了不同的方法解决了这个问题。让我们来观察比较一下，在运用这 3 种方法求圆的面积时，我们分别先求出了什么。

生 1：方法 1 先求出了 r^2，然后求出圆的面积。

生 2：方法 2 和方法 3 都是先得出圆面积和正方形面积的关系，然后求出圆的面积。

师：在我们最初的想法里，先求出半径就是为了得到什么呢？方法 2 和方法 3 中，为了得出圆面积和正方形面积的关系，我们又借助了什么呢？请先独立思考，然后把你的想法与你的小组成员交流一下。

生：在以前的方法中，求出 r 是为了得到 r^2，进而求出圆的面积。而在方法 2 和方法 3 中，我们借助了 r^2 来表示两种图形的面积。

师：是呀，看来无论是哪种方法，都借助了圆半径的平方，也就是 r^2，来帮助我们解决有关圆面积的问题。

（三）变式探索，形成矛盾转化

1. 由 r^2 联想到不同的图形

师：让我们继续来探究 r^2。请大家看，这个圆的半径是 r，如果要用 r^2 表示一块阴影部分的面积，你觉得这块阴影部分应该是怎么样的呢？想一想，也可以和同桌说一说。（课件演示）

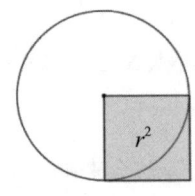 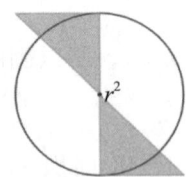 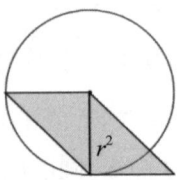 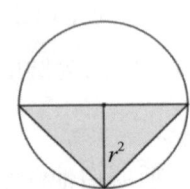

师：原来大家可以根据 r^2 想象到这么多不同的阴影部分。大家还想继续挑战吗？你能画出 $4r^2$，$\frac{1}{2}r^2$ 吗？请你画一画，用阴影部分表示。（学生上台展示作品，自主介绍想法）

师：基于 r^2，我们展开了大胆的想象，一个圆的 r^2 可以表示这么多不同的图形，r^2 的用处可真大啊！

2. 用 r^2 表示不同的图形

师：那么如果圆的半径是 r，下面这些阴影部分的面积又该怎样表示呢？

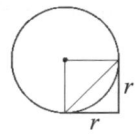 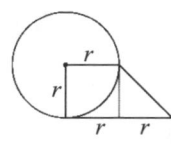 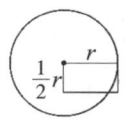 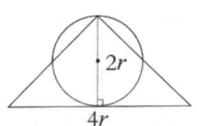 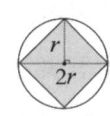

（四）实际问题，实现矛盾转化

师：接下来我们用 r^2 来解决一些生活中的图形面积问题。

师：生活中方圆结合的物品有很多，老师找到了这三样（略），抽象出了这些图形（略）。你能先找到 r^2，再求出阴影部分的面积吗？

师（小结）：看来我们可以通过找到 r^2 来解决与圆有关的问题了。你们看，r^2 多重要啊。

（五）拓展应用，提升整体思维

师：通过本节课的学习，我们发现将 r^2 看成一个整体，能够快速、准确地解决问题。那么你能用这一思想解决下面这两个问题吗？

问题1：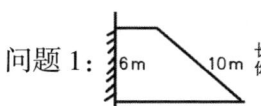 一个梯形菜地的一面靠墙，另外三边正好能用22 m 长的篱笆围起来，菜地的一部分长度已经在图中标出，你能求出这块菜地的面积吗？

问题2：已知：$3\square + \bigcirc = 10$
　　　　求：　$6\square + 2\bigcirc = ?$

【案例点评】

（一）引发认知冲突，从实际问题引出 r^2 的需求

根据圆的面积公式 $S=\pi r^2$，学生很容易产生定势思维，即要求圆的面积，先要

求得半径 r，这是从一维角度出发的。而在外方内圆的图形中，如果正方形的面积是 20 cm²，根据学生已有的知识是无法求得圆的半径的长度的。由此，认知冲突产生，原有经验无法解决新的问题，该怎么办？以新的单位面积 r^2 来解决，为学生提供了持续探索的动力。

（二）加强表象建立，丰富 r^2 的映像促学以致用

面积单位 r^2 以多种形式出现在组合图形中，这就需要学生建立丰富的表象，加强对 r^2 的敏感性。在本节课的学习活动中，画一画 r^2、$4r^2$、$\frac{1}{2}r^2$ 以及用带有 r^2 的式子表示图形面积两种形式，从顺、逆两个方向帮助学生丰富了 r^2 的映像，从而为学生解决各种变式问题打下了扎实的基础。

（三）围绕问题解决，提升解决问题的整体思想

本节课希望传达的一个重要的思维方式就是从整体的角度进行思考。从以 r^2 作为一个整体衍生到将上、下底之和作为一个整体，或者将"3□ + ○"作为一个整体进行问题解决，开拓了学生的思路，引导学生感悟不仅在与圆面积有关的问题中可以采用整体思维方式，该方式还广泛地适用于许多其他问题。

案例 3 "周长的认识"课时创新案例设计

包有形之"边" 明周长之"理"[1]

【学习内容】

周长的认识

---

[1] 本案例发表于《小学数学教师》2022 年第 1 期。（收录时有删改）

【适用年级】

三年级

【驱动问题】

怎样给杯垫包边？需要多长的丝带？

【课前思考】

周长是小学阶段关于图形测量的一个重要概念，是度量图形的起始。"周"即封闭图形一周的边线，"长"即长度。所以把周长的概念放置于纵向的知识体系中，应该走一个从长度到周长的路径。同时，学生在日常生活中已经积累了大量关于长度测量的经验。因此周长概念的建立需要对学生原有的生活经验和数学直觉进行数学化改造，从而建构起属于学生个体的知识结构。

（一）"因用而学"：厘清周长概念的学习价值

"因用而学"以"用"为学习目标，其核心追求是充分挖掘学习内容的价值，以便在后续用旧知探索新知、解决实际问题、知识再创造等各个环节发挥重要作用。那么，周长概念的学习有哪些作用呢？

生活中，人们通常会遇到"篱笆需多长""跑一圈多少米""腰围是多少"等问题，而解决这些问题时，都需要用一个固定的"数"来量化，这个具体的"数"就是周长。这个"数"的获得，需要经历找一周、测量、求和等活动，具有清晰的过程性。因此，教学中关于辨析一周、测量方法、计算求和等知识与技能的习得，将有助于学生提高解决实际问题的能力。

从数学知识体系的角度来审视，周长与面积、体积等概念在结构上具有高度的一致性，它们都属于度量类概念，都需要明确度量的对象，讨论测量的方法，渗透化曲为直的思想，经历计算求和及公式推导的过程。因此，周长作为度量类概念学习的第一课时，其积累的活动经验、感悟的思想方法，在后续用旧知探索新知方面会起到至关重要的作用。

（二）"用学融合"：赋能探究活动的有效实施

从"用"的视角出发，经历"用—学—用"的过程，把"用"融于"学"的全过程，深入数学学科的本质和知识内核，促进学生知识学习和实践能力的双向发展。

首先，寻找用什么材料学。教材中提供的学习材料涵盖了直边、曲边与不规则图形的一周边线，内容丰富，却与学生生活相距较远。以教师选用最多的"树叶"为例，学生既没有测量树叶边线的经验，也不具备准确测量的技能与方法，更遗憾的是没有测量这一长度的"真"需求。理想的学习材料必须满足学生喜欢"用"（真需求），探究中能"用"（易操作），"用"后能激活"学"（新疑问）等特征。因此，作为"草席之乡"的宁波市海曙区古林镇，其草席工艺品杯垫与丝带正好符合以上要求。

其次，设计用什么活动学。"用学融合"更多指向于探究式学习，需要把学习融入真实问题的解决过程。我们结合学习材料，即不同形状的草席杯垫与漂亮的丝带，设计了两个探索活动，分别是怎样给杯垫包边和包边的丝带有多长，并将每个活动关键问题具化为：

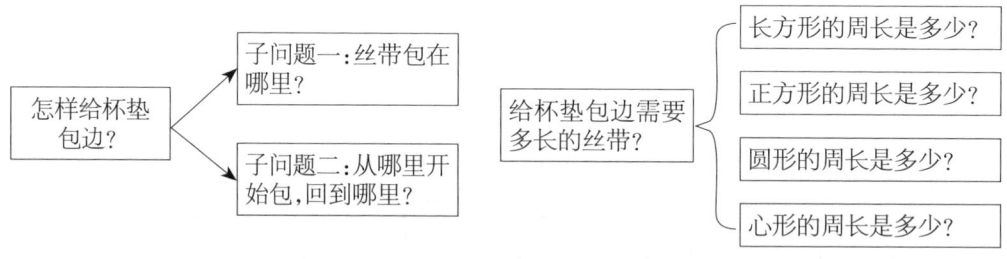

图 6-3-1 "周长的认识"一课的两个探索活动

由此，从包边的真实情境切入，激发学生动手探究的欲望，再把活动中产生的疑问"怎样包边？包的边的总长是多少？"通过交流、辨析逐步明确，直至深刻，最后对周长概念进行概括与精炼，夯实学的深度。

【教学目标】

1.通过包边活动，正确围出物体表面或简单图形的一周，能测量并计算简单图形的周长。

2.通过包边活动,在具体操作中感受、体验、探索图形的周长,积累测量周长的活动经验,感悟化曲为直的数学思想,进一步理解周长的概念。

3.感知周长与实际生活的密切联系,激发学习数学的兴趣。

【课堂实录】

(一)文化熏陶,激发兴趣

播放视频《宁波物语 —— 席》,呈现草席之乡 —— 古林镇,以及古老传承的草席工艺。

(二)聚焦现象,引出问题

师:同学们,在刚才的视频中,你们看到了什么?想说些什么吗?

生1:我看到了草席的制作过程,古林镇是草席之乡。

生2:我们宁波人喜欢夏天睡草席。

师:其实,蔺草除了可以用来制作草席,还可以制作成各种各样的工艺品。让我们一起来欣赏一下。(呈现各种用蔺草制作的工艺品)

师:同学们,老师带来了一个杯垫(没有包边),它制作完成了吗?

生:没有,它还差最后一道工序 —— 包边。

(三)动手操作,感悟"一周"

活动一:怎样给杯垫包边 —— 感悟"一周"

活动要求:学具盒里有四个不同形状的杯垫,四人小组分工合作,用红色丝带完成包边。

活动反思:想一想,你是怎么包的?

师:谁愿意来说一说自己是怎么包的?

生：（手拿长方形杯垫）我是从这个点开始包的，包……包……包，包一圈，然后把多余的剪掉。

子问题1：丝带包在哪里——明确周界，即封闭图形的一周

师：大家都听懂了吗？你知道他的丝带是包在哪里的吗？谁能来说一说？

生：（上台边指边说）丝带沿着长方形（图形）边缘包一圈。

师（追问）：剩下的三个杯垫也这样包吗？

生：是的，丝带都这样绕着图形边缘包一圈。

师（小结）：原来，对于不同形状的杯垫，我们都是绕着这个图形的边包一圈，也就是这个图形的一周。

子问题2：从哪里开始包，回到哪里——明确封闭图形，即从不同的起点出发绕一圈，回到各自的起点

师：刚才你们在包图形的一周时，包的方法都是一样的吗？你们是从哪里开始包的？

生1：（指某一个点）我是从这里开始包的。

生2：（指另一个点）我是从这里开始包的。

师：奇怪了！为什么他们从不同的点开始包，最后却都完成了包边？

生：因为都是从出发点绕一圈后回到了出发点。

（PPT动态演示包边过程，即从某一点出发绕一圈，最后回到该点，由此形成了一个封闭图形）

师：当把这些杯垫都去掉，只剩下用来包边的丝带时，这包边丝带不管是正方形、长方形、圆形还是心形，都是这个封闭图形的一周。

（四）测量计算，理解"周长"

活动二：用来包边的丝带有多长

活动要求：四人小组分工合作，利用学具盒中的测量工具量一量杯垫的一周。

活动任务：小组合作，完成活动记录单。

图形	我的方法	我的结论
	方法一：12+8+12+8=40（厘米） 方法二：(12+8)×2=40（厘米）	40厘米
	方法：10×4=40（厘米）	40厘米
	方法一：在直尺上滚一圈 方法二：量包的"边"的长度	37.8厘米
	方法一：量包的"边"的长度 方法二：量包的"边"长度的一半，再乘2	35厘米

生1：我把长方形的四条边都量了，所以是12+8+12+8=40厘米。

生2：长方形我只量了两条边，因为长方形的对边相等，(12+8)×2=40厘米。

生3：正方形我只量了一条边，因为正方形四条边都相等，10×4=40厘米。

师：同样是测量长方形的周长，方法一是每条边都测量，再加起来；方法二是只量两条边，再计算。你们更喜欢哪一种？

生：方法二。

师：那圆你们是怎样量的呢？

生1：把它在直尺上滚一圈。

生2：撕下包边丝带，量包的"边"的长度。

师：心形呢？

生1：也是把包边丝带都撕下来，用皮条尺量。

生2：不用，只需要撕一半，因为心形是轴对称的，量一半后，乘2就可以了。

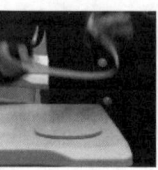

图 6-3-2 学生操作

（五）整理概括，精炼概念

师：请大家观察，所有图形一周的边线都能转化成什么？

（课件演示图形一周边线拉直后都是一条线段，提问引导学生，并请学生概括：这一条线段就是图形一周的边线）

师：同学们，刚才我们进行了包边活动，明确了图形的一周。接着通过量一量、算一算，得到杯垫一周的长度分别是 40 厘米、40 厘米、37.8 厘米、35 厘米，每个图形的一周都有固定的长度，我们把图形一周的长度叫作它的周长。你能用一句话来说说什么是周长吗？

生1：周长就是一个能包边的图形最外边缘一圈的长度。

生2："周"其实是包边后所形成的一条线，而"长"就是这条线的长度。

师：是的，周长的"周"指的是一周边线，"长"指的是长度。

（六）拓展应用，凸显本质

1. 辨析"一周"：下面的图形都有周长吗？有的话请描出它的一周。

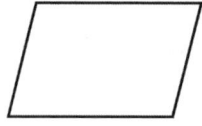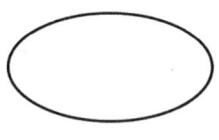

2. 小正方形的边长为1厘米，由9个这样的小正方形拼成的图形的周长是多少？

师：任意拿走一个小正方形，图形的周长变了吗？

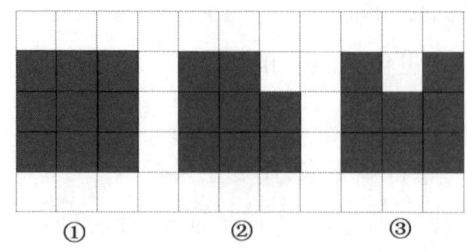

3. 周长是 12 厘米的图形,你能画吗?

【案例点评】

(一)以境促趣,让学习在"用"中悄然发生

对小学生来说,最初的知识往往是在做事中获得的,因此,他们对"做有趣的事"感到无比兴奋,愿意投入时间和精力去完成。本课中,笔者通过筛选生活中学生常见的本地草席制品,把周长的教学巧妙链接到"包边"这一手工活动的真实情境中,使课堂成为制作工艺品的"真实场所"。学生一边做事,一边分享成果,经历亲身操作、同伴分享、合作互助等过程,慢慢明晰了什么是一周、如何围图形一周、任何封闭图形的一周拉直后都是一条线段、图形一周的长度可以通过测量得到,这些都是理解周长概念所必要的经验与重要感悟。

(二)以问促思,让学生在"学"中发展思维

学生在操作过程中获得的经验与感悟往往比较粗浅,教师需要设计具有挑战性的问题,组织学生交流、思辨、比较、概括,夯实学的厚度。

在实施过程中,笔者主要通过以下五问来推进。第一问"为什么从不同的点开始包,最后都完成了包边",直指一周概念的本质,即沿着一周边线,从某一点出发,绕一圈又回到该点,学生的语言描述逐渐清晰规范。第二和三问"那圆你们是怎样量的""那心形呢",让学生把目光聚集于曲边图形,生动呈现绕线、滚动等方法,化曲为直的思想在此萌芽。第四问"你能用一句话来说说周长吗?",既是对概念的概括,更是对其精炼的过程,当学生建立起"周(测量对象)是一周边线""长是长度累加后的数"的概念时,周长概念的本质便得到了凸显。第五问"任意拿走一个小正方形,图形的周长变了吗?",让学生掌握分情况讨论、计算验证等认知策略,真正为发展高阶思维服务。

案例 4 "植树问题"课时创新案例设计

整体建模,搭建"学"与"用"的桥梁

【学习内容】

植树问题

【适用年级】

五年级

【驱动问题】

为什么棵数与间隔数有时候相等,有时候不相等?

【课前思考】

(一)明知识结构,定"用学"目标

植树问题是一个很经典的数学问题,其蕴含的价值不言而喻。梳理这一单元的教学内容,从模型结构来看,可以分为"两端都种""只种一端""两端都不种"三种;从题型变式来看,可以分为求棵数、求总长、求间距这三种问题。也就是说,这看似简单的内容,实则包含了九种不同的问题解决方案。再加上还有种一侧还是种两侧,封闭与直线等信息变化,植树问题看似简单,其实并不简单。

如果把上述知识与技能作为首要教学目标,学生的学习只是记忆,日子一长,遗忘加干扰必定会成为学生解决问题的痛点。

因此,本课的教学目标应牢牢定位在对数学思想的体验与感悟上,真正建立起

棵数与间隔数之间的一一对应关系，搭建起稳固而又清晰的植树模型。

（二）探学生起点，定"用学"活动

纵观许多植树问题的教学案例，学生在学习时一般都会遇到三种困难。第一，不明白模型背后的道理。数量关系一般都是概括出来的，学生对棵数与间隔数的对应关系感悟很弱。第二，模型之间互相混淆。三种模型依次学习，前后之间的沟通与比对不够强，学生大脑中形成的结构散乱无序。第三，利用模型解决问题难。在解决"楼梯问题""敲钟问题""锯木问题"等实际问题时，很多学生就判断不出到底是该加1、减1，还是不加不减。

基于以上对教材和学情的分析，本节课首先将以整体呈现植树问题的三种模型的情境导入，让学生在自主探究的过程中多重体悟模型的本质。然后，利用同一素材进行巩固练习，使学生能深刻体会模型的价值。最后为了让学生能更好地把握植树问题的内涵，将例题进一步延伸，呼应课的开头。

【教学目标】

1. 借助熟悉的问题情境，初步感知植树问题的三种模型，在观察、比较中发现三种模型的共同点。

2. 利用线段进行抽象，通过点与段之间的关系，归纳总结出不同模型下棵数与间隔数之间的关系，渗透一一对应的思想。

3. 经历建模的过程，并形成自觉运用模型解决问题的意识，在建模—用模的过程中体验成功的喜悦，增强学好数学的信心。

教学重点：在具体情境中抽象出数学模型，归纳出三种模型下棵数与间隔数之间的关系。

教学难点：整体建构植树问题的三种模型，能运用所学解决实际问题。

【课堂实录】

（一）情境导入：整体呈现植树问题的三种模型

动画出示现实问题：五年级三个班要在120米的小路上植树，每隔5米植一棵。一班先种 40 米,二班接着再种 40 米,三班完成最后的 40 米。

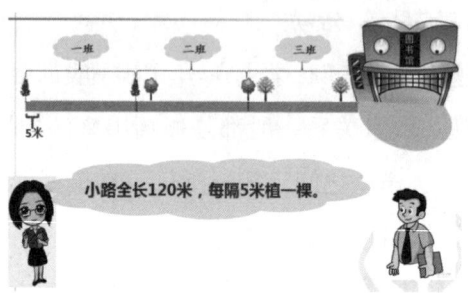

师:猜一猜,五年级三个班分别要植多少棵树呢?

生 1:每班都是 8 棵。

生 2:三个班分别是 9 棵,8 棵,7 棵。

生 3:三个班各 9 棵。

……

(二)自主探究:多重感悟模型本质

1. 学生自主探索

师:看来同学们有很多种猜想,哪名同学的想法更符合题意呢?同桌合作,画一画、算一算,检验一下吧。

2. 建立三种植树情况的表象

(1)两端都种 —— 一班的种树情况

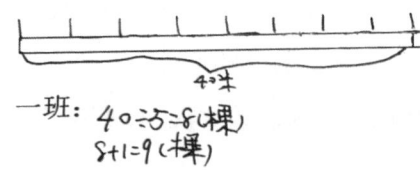

生:一班在 40 米的小路上,每隔 5 米种一棵树,要种 9 棵树。

师:40 除以 5 等于 8,怎么会是 9 棵呢?

生:因为从头到尾,头也要种,尾也要种,所以多了一棵。

师:像一班这样头尾都要种树的情况叫作"两端都种"。

(2)只种一端 —— 二班的种树情况

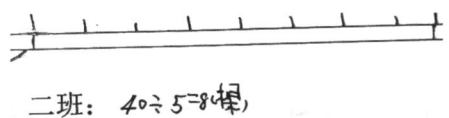

生：二班接着种，要种 8 棵。

师：二班的种树情况和一班有什么不同呢？

生：二班头里的一棵树被一班种去了，所以二班头里不用种，只要种中到尾。

师：像二班这样，头不种、尾要种的情况叫作"只种一端"。

（3）两端都不种 —— 三班的种树情况

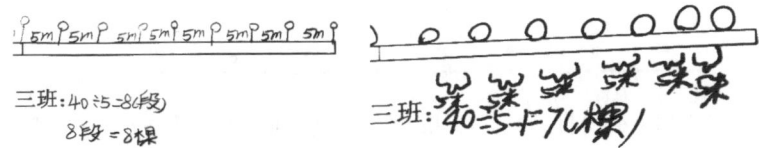

生 1：三班再接着种，也要种 8 棵。

生 2：我不同意种 8 棵，120 米的小路最后是图书馆，难道图书馆上也要种一棵吗？

师：请大家思考，三班在最后 5 米的时候还需要种树吗？

生：最后是图书馆了，肯定不用种了。

师：那三班种树有什么特点？大家也能取一个名称吗？

生：三班头里的一棵树给二班种了，尾是图书馆也不需要种，所以三班的种树情况是"头尾都不种"。

师：对呀，三班的种树情况叫作"两端都不种"。

3. 抽象比较三种植树情况

教师通过描述并结合多媒体，利用线段图进行抽象。

师：请你仔细观察，这三个班植树有什么共同点？

预设：都是在 40 米的小路上，每隔 5 米植一棵；都有 8 个间隔。

（教师根据学生的生成，适时追问间隔数，引导总结并板书：通过 40 ÷ 5 可以得出三个班的间隔数都是 8 个）

师：咦，都是8段，三个班级种的棵数怎么不一样了呢？（根据学生的汇报，结合多媒体，渗透一一对应的思想）

生：一班是头尾都种，每一个间隔对应前面的树，最后还需要种一棵，所以一班比8棵多了1棵。

生：二班属于只种一端，头里不用种树，每一个间隔对应后面的树，所以正好是8棵。

生：三班头尾都不用种，每一个间隔对应后面的树，最后一个间隔就多出来了，所以只有7棵了。

4. 在对比中发现棵数和间隔数之间的关系

师：这三种情况下，棵数和间隔数各自有着怎样的关系呢？

生：两端都种时，棵数=间隔数+1；只种一端时，棵数=间隔数；两端都不种时，棵数=间隔数-1。

5. 揭示课题"植树问题"

（三）巩固练习：深刻体会模型价值

1. 寻找生活原型

师：其实在我们的生活中，还有很多类似的现象，你能说一说吗？（引导学生说清楚什么是树，什么是间隔，属于哪种情况）

生1：马路边的路灯，灯是树，两盏灯之间是间隔。

生2：小朋友做操，小朋友是树，两个小朋友之间是间隔，属于两端都种。

……

2. 解决生活问题

（1）说一说：你能找到每一幅图中所蕴含的植树问题吗？

（2）判一判：图中的数学问题分别属于植树问题中的哪一种情况？

生：琴桥上的钢柱属于两端都不种的情况；南塘老街的灯笼属于只种一端的情况；杭州湾跨海大桥路面两边的路灯属于两端都种的情况。

（3）解一解：解决图中的三个问题。

（四）拓展延伸：引发对植树问题的新思考

师：我们再回到学校里这条通往图书馆的小路上，你们还发现了什么？

预设1：无论哪种情况，三个班级都共植了24棵树。

预设2：把这条路看作整体，就是只种一端的情况。

师：哇，你们的发现太有价值了。那三个班种树还有其他可能吗？

预设：考虑到教师引导和学生对本节课知识的理解，可能会出现（8,9,7）（8,8,8）（9,7,8）。教师根据学生的回答追问。

师：今天我们主要研究了直线上的植树问题，其实，我们生活中还有不一样的植树问题呢！

【案例点评】

（一）整体架构学习内容，打通知识"隔断墙"

在教学植树问题时，教师往往先教学两端都种，然后再推及只种一端和两端都不种，这样的散点的呈现方式容易造成知识的分离，使学生对三种模型的对比、辨析不足。因此在教学中，笔者通过内容重组，将三个模型以一个情境主题构建，整体推进，通过一班、二班、三班的种树情况的比较，把三种模型完整呈现，让学生既能找到共同之处，又能分辨不同之处。这样的架构方式，打通了知识之间的"隔断墙"，整体建构植树问题的模型，更有利于学生高阶思维及创新能力的培养。

（二）选用真实生活情景，激发学习"兴趣点"

数学来源于生活，是对生活现象的抽象。本课利用学生熟悉的种树情境，自然而然地引发学生思考"三个班该怎样种树"，从而主动发现问题、探究问题。学生在模拟的场景下，通过画图、观察、分析等方法，自主探索了间隔数和棵数之间的关系，得到相应的数学模型。这样的学习不仅能激发学生的学习兴趣，而且有利于他们对三种植树模型进行横向比较，厘清棵数与间隔数之间的关系。

（三）链接生活问题解决，拓宽思维"生长带"

通过回归生活，学生能在实际问题中找到植树问题的原型，并能辨别其属于哪类模型。同时通过具体的问题，学生感受到了加1、减1以及不加不减的原因。最后，在拓展延伸过程中，学生打破局限，站在整体上找到了现象的本质，拓宽了思维的"生长带"。

案例 5 "图形的奥秘"拓展实践案例设计

探图形之奥秘　溯几何之内涵[1]

【学习内容】

图形的奥秘

【适用年级】

五年级

【驱动问题】

在长方体上切一刀,会切得怎样的截面?

【课前思考】

学生空间观念的形成需要能掌握一些几何对象的相互转换关系,理解图形与实物、二维与三维、外部形状与内部结构、几何元素与几何图形等之间的相互关系;新加坡数学教学倡导从做中学 — 从观察中学 — 在思考中学。对于空间与图形的学习而言,实际操作、观察固然重要,但是更需要学会运用图形的特征来思考,从而让想象着地。

(一)"因用而学":了解学情,触及空间想象的盲区

学生对于三维立体图形的切割处于怎样的认知水平?我们抽取了农村学校

---

[1] 本案例发表于《小学数学教师》2021 年第 6 期。(收录时有删改)

和城市学校各 80 名六年级学生,就"一个长方体,切一刀,截面会有哪些不同的形状"做了前测。对于经过旋转、对称变换后切法一致的学生作品,认为处于同一种水平,归为一类进行统计。具体统计数据如表 6-5-1。

表 6-5-1 "一个长方体,切一刀,截面会有哪些不同的形状"前测结果

截面形状	不同切法	学生的作品	比例
三角形	切法 1		20.6%
三角形	切法 2		11.3%
长方形	切法 3		87.5%
长方形	切法 4		39.4%
长方形	切法 5		17.5%
梯形	切法 6		5.6%

从前测结果来看,对于长方形的三种常规切法(切法3),学生能够想象的比例最高,达到87.5%,紧接着的是利用长方体一组对角线的切割方法(切法4);而截面是梯形(切法6)的作品占比最低,只有5.6%。学生能想象出的截面停留在三角形和四边形,而五边形、六边形是他们想象不到的。同时,笔者进行了访谈,请学生说明为什么切法3得到的是长方形截面,学生能够表述:因为截面平行于长方体的某一个面,所以是长方形。但是,对于切法4和切法5,均不能从数学的角度准确表述。可见,学生对于图形切割的想象,仅仅来源于对长方体的认识以及相关的生活经验,还未能系统地思考截面是由切割面与长方体的六个面相交而得到的。因此,利用图形的特征来展开想象是学生空间观念形成的盲区,教学应从学生原有的操作和观察入手,引导学生在思考中想象,在想象中思考。

(二)"在用中学":设计路径,直击空间想象的核心

如果从三维与二维的关系出发,考虑切割面与长方体六个面相交的情况,研究截面的知识逻辑顺序应是三角形—四边形—五边形—六边形。而真实学情告诉我们,学生最直接、最容易想象的是长方形的截面。深入研究长方形的截面,有助于学生发现切割面与长方体各个面之间的关系;讨论截面的边有怎样的关系,角又有怎样的特点,有助于学生发现规律,从而理解二维与三维的关系,体会图形的特征能指导空间想象。虽然学生在前测中没有出现正方形截面,但经过访谈,我们发现学生能很快从长方形切法联想到正方形,认为只需要增加邻边相等的条件即可。于是,我们基于对知识逻辑顺序和学生认知规律的分析,把教学流程细化,具体如图6-5-1所示。

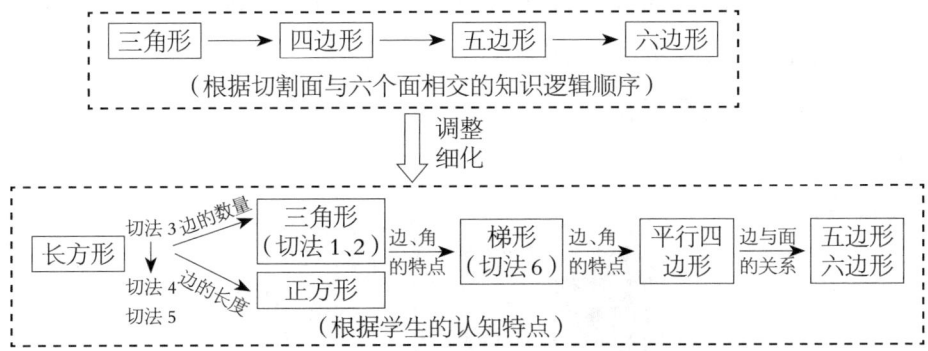

图6-5-1 "图形的奥秘"一课教学流程

从学生最熟悉三种切法引入,我们可以引导学生用数学的语言来表述为什么这样切得的截面是长方形、这个面与长方体有什么关系,从而为探索长方形截面的其他方法做好铺垫。接下来,围绕截面是长方形的其他切法展开学习活动,在探索的过程中,提出"截面为什么是长方形?能用数学的语言来说明吗?"引发学生思考:为什么这个切面与长方体的任何一个面都不平行,而截面却是长方形?从而使学生体会到,只要垂直于长方体的某一个面,截面的一条边就和长方体的一个面互相垂直,做到了两组对边分别平行并且邻边互相垂直,截面符合长方形的特征。通过找图形的特征来思考切法,使操作有方向,空间想象有抓手。于是,研究截面是梯形、正方形、平行四边形就水到渠成了。在此研究基础上,我们就可以引导学生发现切面与长方体六个面之间的关系,探索面面相交所形成的平面图形的规律。

【教学目标】

1. 经历"想象 — 操作 — 想象"的过程,得到长方形截面。
2. 通过观察、比较、分析,找到长方体与截面之间的规律。
3. 在解决问题的过程中,发展空间观念,培养合作探究能力。

【课堂实录】

(一)激发兴趣,提出猜想

师:在一个长方体上面切一刀,切出的截面会是什么形状?

生:长方形、三角形、正方形、梯形……

(二)操作观察,探索规律

1. 呈现学习基础

课件出示:

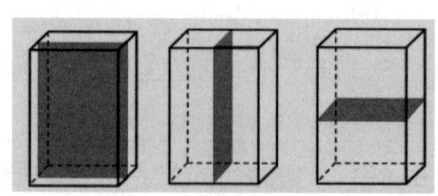

师：这三种常见的切法，切出的是什么形状？为什么？

2. 探索长方形截面

师：要使截面为长方形，还能怎样切呢？先想一想长方形的特征，再切一切、画一画。

方法一：

 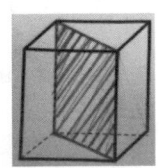

师：你是怎么切的，怎么画的？

生：沿着上面的对角线切下来，展开以后这个面就是长方形。

师：你怎么知道截面就是一个长方形？

生：上面这条是对角线，下面这条也是对角线，所以它们是互相平行的。左右两条边是长方体的两条棱，也是互相平行的。

师：两组对边互相平行只能说明它是平行四边形，还需要补充什么条件吗？

生：（指长方形的一个角）这个角是直角，所以这是一个长方形。

师：真的吗？有什么办法验证一下？（用三角板的直角比对验证）

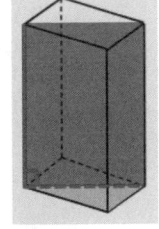

师：实际上，截面的这条边和底面是互相垂直的，所以这两条边是互相垂直的。（课件演示）

方法二：

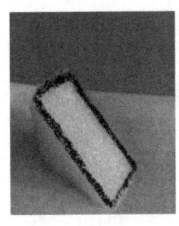 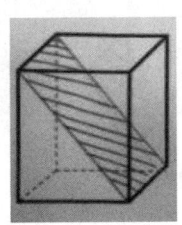 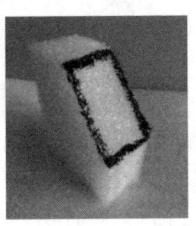 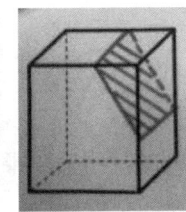

师：这几种截面是长方形吗？请你介绍怎么切，怎么画。（引导学生用数学语言说明截面为什么是长方形）

生1：我是沿着前后面的对角线切的，截面的一组对边是前后面的对角线，因此它们互相平行,另一组对边是两条棱,也是互相平行的,同时相邻两边所成的角是直角,所以截面是长方形。

生2:我也是这样直直地切下去的,两组对边互相平行,而且相邻两边互相垂直,所以是长方形。

师:通过刚才同学们的展示和介绍,想一想,要切出长方形,有什么奥秘?

生1:要直直地切下去。

生2:切下去的面要和长方体的一个面垂直。

师:对,只要和长方体的一个面垂直地切,那么截面的一条边就和长方体的这个面互相垂直,截面的邻边就互相垂直。

动态演示:切割面不断地变化,但是始终与底面垂直,截面始终保持长方形。

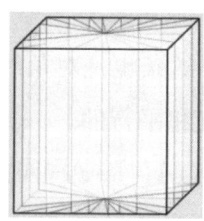

3.探索其他截面

(1)三角形截面

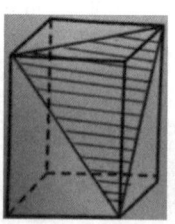

师:想一想,如果在正方体上切出这样的三角形,会是一个怎样的三角形呢?

生:一定是等边三角形。因为三条边都是正方体三个面的对角线,长度相等,符合等边三角形的特征。

(2)正方形截面

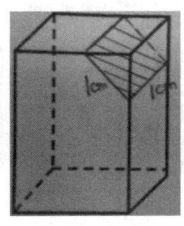

师：你们切出了正方形，是一次成功的吗？

生：我们尝试了好几次。一开始按长方形的切法，切出来的都不是正方形，所以我们调整了方法。先测量相邻两边，使邻边相等，然后在长方体上做标记，这样就能切成功了。

（3）梯形截面

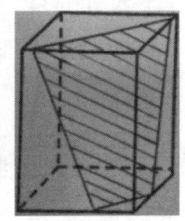

师：哇！这一小组还切出了梯形，他们是怎么想的呢？

生：我们刚才切长方形的时候，是先想它的特征，那么切梯形的时候也要先想一想特征。如果直直地切下去，对边肯定相等，而梯形的上下底不相等，所以需要斜着切。

（4）平行四边形截面

师：一般平行四边形有可能切出来吗？

生1：有可能。

生2：需要考虑对边平行而且相等，一般平行四边形的四个角不是直角，所以不能直直地切。

师：大家说的都对，让我们一边想，一边切。（师生共同切）

师：根据平行四边形的特点，它的角不是直角，所以切的时候注意不要与任何一个面互相垂直，不然切出的就是长方形了。（呈现模型图）

 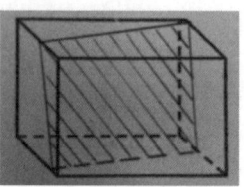

4. 总结思考方法

师：刚才我们一起探索了图形的奥秘，是怎么思考问题的？

生：我们先想图形的特征，然后去试一试。

师：一开始我们提出猜想，想出了不同的截面，然后通过动手切、画，并用数学语言说明，验证了我们的猜想，得出了结论。这是一种很好的学习方法。

（三）思考想象，拓展规律

师：同样是切一刀，为什么有的是三角形，有的是四边形？

师：一起数一数。切出三角形，切到了一个面、两个面、三个面；切出四边形，切到了一个面……

生：原来切到三个面是三角形，切到四个面是四边形。

师：有没有可能切出五边形、六边形、七边形？

生：不可能切出七边形，因为长方体只有六个面，最多切出六边形。

师：面与面相交就产生了线，切面与长方体的六个面相交，最多产生六条线段，也就是六边形。

师：那五边形、六边形是不是真的可以切出来？

学生充满疑问。教师呈现五边形的截面。

师：五边形、六边形到底是怎么切出来的呢？又该怎样表示在图中呢？请大家课后去想一想、试一试。

【案例点评】

纵观整个探究活动,学生在操作中学、在观察中学、在思考中学,表现出了强烈的求知欲,空间想象、实际操作、数学推理能力都得到了提升。在研究长方体的切割问题中,体会图形的特征,理解点、线、面、体的有机联系,感悟几何的内涵。

(一)想象显形化,操作有实证

学生的空间想象能力与"直观"有着密切联系。布鲁纳认为,直观是指不依靠分析技巧而能理解问题与情境的意义、重要性与结构的行为。因此,当学生的空间想象出现盲点时,应通过具体的操作活动,充分发挥直接观察的作用,形成视觉结构。比如,当截面是梯形、平行四边形、五边形、六边形的时候,学生无法想象出来,就可以通过动手操作,切一切、画一画,让他们看到最真实的截面,从而形成直观模型的表征,让想象显形化。接着从模型表征走向数学化表征,也就是在长方体的图形中表示出这一个面,从而引发思考,最终实现内化与提升。

(二)想象多思辨,说理有依据

《义务教育数学课程标准(2011年版)》提出了培养空间观念的要求,"能够由几何图形联想出实物的形状,由实物的形状抽象出几何图形,进行几何体与其三视图、展开图之间的转化"。这是一个包括观察、想象、比较、综合、抽象、分析的认识客观事物的过程。因此,借助图形特征便成为完成转化的关键因素,本节课的探究活动就充分体现了这一点。学生在实践中,边思考图形特征边想象,当截面是一个正方形,思考正方形与长方形有怎样的关系;当截面是一个梯形,考虑上下底不相等;当截面是一个平行四边形,思考边角又有怎样的特征。在教师的引导下,学生依据图形特征不断思考,不断尝试,充分想象,探索规律,发现奥秘。

(三)想象重本质,联系有沟通

学生学习图形与几何领域的知识,一定是围绕着点、线、面、体这些几何要素而展开。通过对"在一个长方体上切一刀,切出的截面会是什么形状"的深度探索,引领学生深刻体会点、线、面、体之间的内在联系。一个立体图形与一个平面相交,面与面相交产生了线,线又围成了各种不同形状的平面图形。当然,还可以切出一个点来,只要使切面与长方体的一个顶点相切。当学生理解了几何要素间的关联后,便学会了主动思考,长方体的六个面是不变的,而另一个平面(切面)则在不断的变化之中,切面与长方体的几个面相交,截面便是几边形。在变与不变中,学生对空间与图形问题的思考不断走向深入。

培养空间观念是小学图形与几何领域的一个重要学习任务,但不同学生的空间观念水平是有差异的。因此,在学习活动中,要充分利用实物或者模型的直观、图形的初步抽象、简单的推理说明,让学生完整经历视觉——构造——推理的认知过程,从而跨越空间想象的盲区。

案例6 "比例的应用"拓展实践案例设计

揭秘数学魔术"吃不完的巧克力"[1]

【学习内容】

比例的应用

【适用年级】

六年级

【驱动问题】

数学魔术"吃不完的巧克力"的奥秘是什么?

---

(1) 本案例发表于《小学数学教师》2020年第1期。(收录时有删改)

【课前思考】

疫情期间,宁波市海曙区教育局组织名师骨干录制小学数学微课,其中有一节六年级数学拓展课"吃不完的巧克力"。许多学生看完这节微课中的数学魔术后,对"图形中线段的比例关系"产生了浓厚的兴趣,纷纷借此去破解其他魔术。笔者基于"因用而学"的理念,进一步开发本节拓展课,并着重思考以下两个问题:

(一)如何把课本习题开发为学习项目

人教版《数学》六年级下册第四单元有这样一道题:用图中的4个数据可以组成多少个比例?

学生通过计算,得到以下比例:

3∶1.5 = 4∶2   1.5∶3 = 2∶4

2∶4 = 1.5∶3   4∶2 = 3∶1.5

3∶4 = 1.5∶2   4∶3 = 2∶1.5

1.5∶2 = 3∶4   2∶1.5 = 4∶3

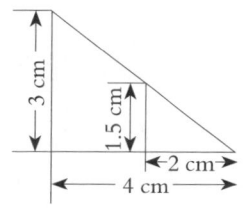

大部分学生还能感悟到,图中的两个三角形形状相似,对应底和高之间的比值是相等的,即大三角形的高∶大三角形的底 = 小三角形的高∶小三角形的底,或大三角形的高∶小三角形的高 = 大三角形的底∶小三角形的底。

要将本习题开发成更有价值的学习项目,需经历以下过程。首先,探寻生活中需要应用比例关系解决的实际问题,发现魔术"吃不完的巧克力"背后的原理正是图形中微小的比例之差,且这一内容兼顾趣味性和深刻性,适合放手让学生研究。其次,思考如何让学生经历认知冲突,将内隐的思维外显,并明确要紧紧围绕"用什么材料做""用什么问题导"这两条主线展开设计。最后,需要设计探究类作业,让学生喜欢"用数学解决问题",感受在生活中探索数学问题的乐趣。

(二)如何从魔术揭秘升级为数学发现

日常的魔术揭秘往往是魔术师将魔术过程做详细拆解,对道具功能做一一演示后,观众才能发现其中奥秘,从而发出"原来如此"的感叹。这样的过程虽能牢牢地吸引观众,但在发展思维、提升能力方面的作用微乎其微。

如果学生能从一个看起来并不相关的魔术现象——"吃不完的巧克力"中觉察到它其实是利用微小的比例之差产生"视错觉的欺骗",并发现比例知识在这一数学魔术中的妙用,进而领悟到相似三角形对应边成比例以及直角三角形两条直角边的比值在判断直线段上的作用,他们才算真正自主发现了其中所蕴含的数学知识,真正培养了高阶思维。

也就是说,对学生思维能力的评价不应只包括对其已学知识熟练程度的评价,更应包括通过已学知识进行推理和应用的评价,以及对透过现象看本质从而产生数学发现这一思维能力的评价。

【教学目标】

1. 通过小组合作完成"魔术还原",学会用比例的知识分析图形问题,并求出对应线段的长度。

2. 通过小组合作完成"魔术揭秘",培养学生认真观察、思考并分析问题的能力,学会解决问题的一般步骤,发现微小的比例之差所引起的"视错觉"。

3. 通过小组合作完成"魔术挑战",通过让学生自主选择问题、分析问题和解决问题来激发其应用数学的兴趣,并深化对比例及其相关应用的理解。

【课堂实录】

(一)呈现魔术,形成研究方案

1. 玩"手指魔术",激发学习兴趣

师:你们知道这个魔术背后的奥秘吗?其实,魔术的背后有非常多的奥秘,我们一起运用数学知识来变魔术吧。

2. 播放微视频,引发学生思考

切: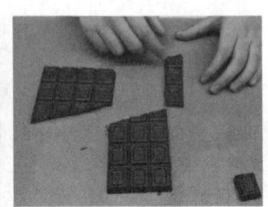

拼：

师：看了数学魔术"吃不完的巧克力",你有什么想说的？

生1：没有任何数学信息,不知道怎么破解。

生2：感觉巧克力还是原来那一块,是不是在切拼的过程中,我们忽略了什么？

3. 师生讨论,形成研究方向

师：这个数学魔术的奥秘在哪里？如果把它当作一个数学问题,你觉得要怎么研究？

生1：我们可以来变一变这个魔术,让切巧克力的过程慢一点,说不定就能发现奥秘了。

生2：比一比原来的巧克力和现在的巧克力,看看有什么变化。

……

师：大家想到了很多办法,我们就从"魔术还原"展开思考,通过分析来进行"魔术揭秘"。

(二)还原魔术,初探数学规律

1. 小组合作,还原魔术

材料：每组一块纸制巧克力和学习单。

要求：同桌合作,先还原魔术,再比一比变化前后的两块巧克力。

2. 引导质疑,指向关键

师：是不是真的多出了一小块巧克力？

生1：我们通过变一变这个魔术,发现确实多出一小块。

生2：不对,最后拼成的巧克力比原来的巧克力小,整块巧克力的长变短了。
(该生呈现如下三种不同的拼法,以证明其想法)

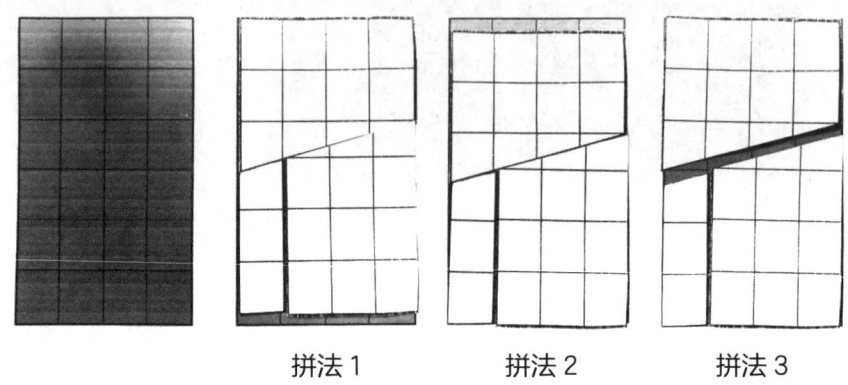

拼法1　　　　　拼法2　　　　　拼法3

（三）揭秘魔术,再探数学规律

1.深入思考,形成聚焦点

师：经过刚才的探索,同学们都发现巧克力其实是变化了的。那么,重新拼组后的巧克力是哪里变了呢?

生1：我仔细观察,发现拼起来的巧克力比原来的巧克力短了一截。

生2：面积变了,(指拼法3)这一整块巧克力就是在第三行那里变短了的。我认为原来的面积是4×6=24,而现在的面积应该比24少。

师：观察得真仔细,拼组后整块巧克力的长确实变短了。那么,到底短了多少呢?你们知道吗?能不能用数学的方法来说明呢?

2.推理论证,得出结论

组织学生交流反馈,得到以下三种方法。(假设每一块正方形巧克力的边长为1)

方法1：拼组后减少的巧克力就是多出来的那一小块,即减少的面积为1。1÷4=0.25,应该是短了0.25。

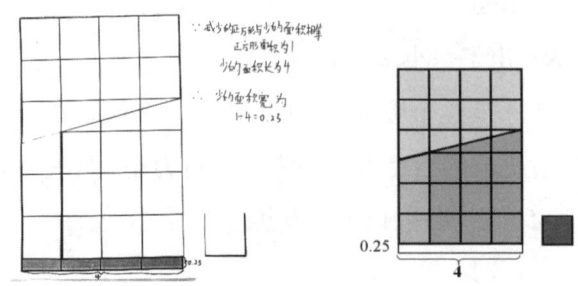

方法 2：设拼组后的巧克力的第三行的高度为 x，则有 $1:4=x:3$（形状相同的两个三角形高和底的比值相等），得到 $4x=3$，解得 $x=0.75$，所以 $1-0.75=0.25$，即短了 0.25。

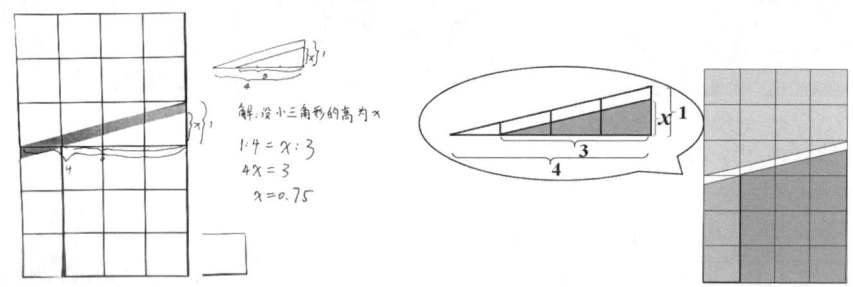

方法 3：设拼组后的巧克力的第四行减少的高度为 x，则有 $1:4=x:1$（形状相同的两个三角形高和底的比值相等），得到 $4x=1$，解得 $x=0.25$，即短了 0.25。

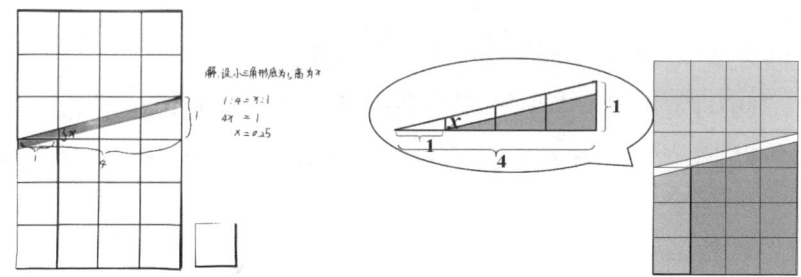

3. 链接教材，加深理解

师：方法 2 和方法 3 你看懂了吗？它们真的成比例吗？你在哪里见到过？

（出示课本上的练习题，并呈现结论"相似三角形对应底与高的比值相等"）

师：请各小组把方法 2 和方法 3 在组内说一说。

总结：通过计算发现，切割重组后的整块巧克力确实变短了，第三行的高度变成了 0.75，这样就使巧克力的整个面积减少了 $4 \times 0.25 = 1$，这一小块巧克力就是这样多出来的。面对这样的"数学魔术"，当我们难以用肉眼观察区分时，数学知识就可以大显身手了。

（四）挑战魔术，运用数学规律

1. 呈现新魔术

数学魔术①：$64 \stackrel{?}{=} 65$

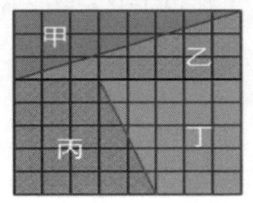
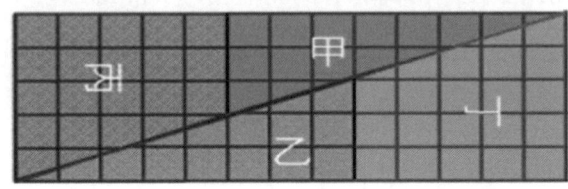

数学魔术②：找一找，少了的一块面积去哪儿了？

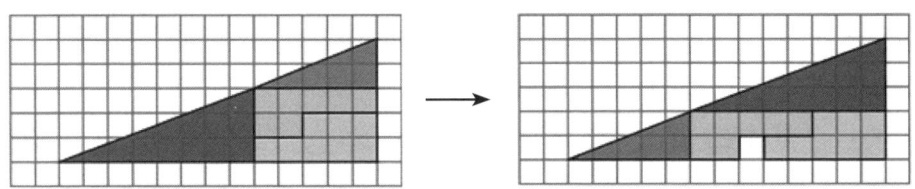

师：仔细观察这两个魔术，请思考你打算如何破解。

生1：找一张方格纸，按照魔术过程操作看看。

生2：其中肯定出现了细小的问题，我们可以算算比例关系。

2. 探究作业：请以小组为单位，任选一个魔术进行破解，并记录你发现的数学奥秘。

【案例点评】

"因用而学"强调知识的实际运用能力，以促进学生实践能力的发展、培养学生的创新精神和理性思维为主要目标。

(一)项目设计，突破教材知识边界

教学中，作为教师，我们经常遇到学有余力的学生提出一些好问题，但受限于教学要求，我们往往只能给学生"以后我们会学习"或"课后再单独讨论"的回复，并没有顺应学生思维的发展，让他们自主展开对数学知识的进一步学习。而本课的构思正是不对数学知识设定边界，而是提供学生切实可行的探究任务，让他们自主获得解决问题所需的数学知识和方法。如此，像相似三角形这一初中才学的概念，学生也能自然接受并运用。

(二)项目实施,驱动学生持续探究

课后,学生的学习热情并没有消退,而是带着自己小组的成品或半成品继续探究与实验。更重要的是,他们能主动寻找生活中的一些"数学魔术"并尝试破解,通过观察进行魔术还原,通过分析进行魔术揭秘,最终挑战成功、破解魔术。这一过程,正是数学问题解决的一般步骤,即发现问题 — 分析问题 — 解决问题。这样的活动能激活学生已有的生活经验、数学直觉和方法策略,通过经历完整的探索过程,使学生积累并形成探究活动经验,从而逐渐逼近数学本源。

(三)项目思考,提升学生思维品质

数学研究的是现实世界中的数量关系和空间形式,魔术的本质在于其所不易为人知的奥秘。学生经历"魔术还原→魔术揭秘→魔术挑战"的过程,看似是在探究数学魔术中的奥秘在哪里,实则既研究了图形前后的变化及其奇特的构成(空间形式),又探究了图形中的比例关系(数量关系),真正抓住了数学知识的本质。正是因为这样,学生能很快地从看似不相关的魔术进入对数学知识的探究;而魔术这个载体,由于其丰富的内容和多样化的形式,促使学生自主将探究到的数学知识应用到对下一个魔术的还原与揭秘上。这样的过程,使不同学情的学生都能参与进来一起操作探究,使不同学力的学生都能合作研讨,从而使不同的学生都能得到发展,提升思维品质。

案例 7 "营养午餐"项目学习案例设计

感受　感知　感悟

【学习内容】

营养午餐

【适用年级】

四年级

【驱动问题】

针对学校午餐浪费严重现象,学校开展了"美食日光族"行动。学生调查了午餐情况,发现菜品有重复且荤素搭配不合理的问题。那么,怎样设计一份合理的营养午餐呢?

【案例背景】

(一)如何把生活问题转化成学习问题

学生在日常生活中会碰到很多实际问题,这些问题大都具有很强的真实性和复杂性,与学生接触的标准练习有很大的差距。因而,如何把这些生活问题转化成学习问题是我们教师首先要思考的问题。教材中呈现了各种菜品的营养成分,引导学生根据营养专家的建议搭配午餐,并统计各种方案的受喜爱程度。问题指向清晰,但缺少由学生提出问题的过程;研究步骤明确,但缺少学生思维活动的展开。由此,教师需要把教材内容对接到学生的实际生活,对生活现象进行加工,使其成为学生的学习问题。"光盘行动"是学生日常的生活行为,其所蕴含的学习内容已经涵盖了"营养午餐"的内容。笔者通过前期的调查问卷收集到相应的数据,并对数据做出整理与分析,从而形成了本次研究的主题。图 6-7-1 是"营养午餐"研究主题的形成过程。

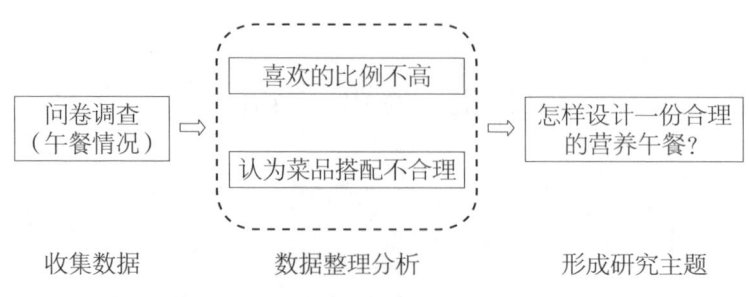

图 6-7-1 "营养午餐"研究主题形成过程

（二）如何把实践活动开发成项目学习

确定了研究主题之后，教师需要设计合理的研究路径，指向学生数学知识、技能的获得，实际问题的解决，更指向学生参与学校管理的担当以及对个体健康的管理意识等。该项目要让学生经历问题解决的全过程——从现实问题引入，通过 KHW 量表明确研究方向，厘清已知、未知、怎样解决等，再通过小组合作、查阅资料、计算、搭配等得出合理的午餐搭配，最后由小组评价合理性。经历这样一个完整的过程之后，总结、提升，由一天的午餐安排拓展到一周的午餐安排，教师引导学生运用已有知识与方法，解决新的问题。

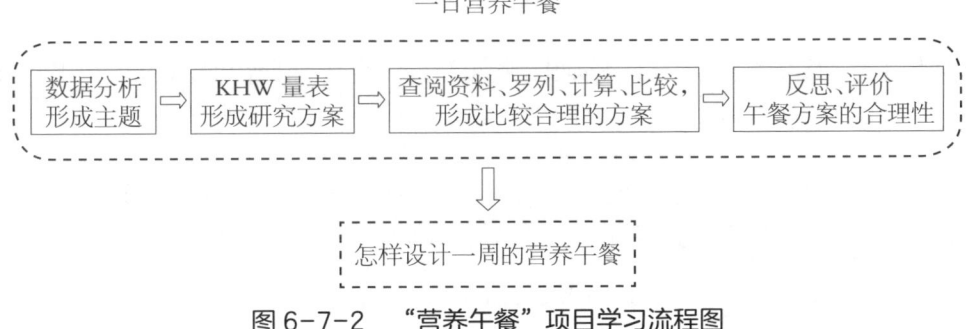

图 6-7-2 "营养午餐"项目学习流程图

【学习目标】

1. 小组合作，探索搭配一份营养午餐，并根据营养成分说明搭配的合理性。
2. 通过计算菜品中的营养成分，培养估算意识。
3. 通过研究生活中的菜品搭配问题，将数学应用于生活。
4. 在解决问题的过程中，培养合作探究能力。

【案例展开】

（一）数据分析，聚焦主题

1. 出示"美食日光族"活动视频

在"美食日光族"活动中，学生进行了问卷调查，了解了同学们的光盘情况，访谈了厨师以了解食堂的午餐安排情况，制作了海报宣传"光盘行动"，并根据调查结

图 6-7-3 学校一周午餐

果提出了"美食红黑榜"。在此基础上,各小组分工合作,根据个人喜好设计了每日菜谱,实行一周后再次调查,统计大家的喜爱程度。

统计数据分析:(1)喜欢的占 $\frac{1}{3}$,感觉一般的占 $\frac{2}{3}$;(2)不喜欢的原因有荤素搭配不合理、油炸食品过多等。

2. 提出驱动问题:怎样设计一份合理的营养午餐?

(二)头脑风暴,形成研究方案

1. 初步思考,产生联想

提问:看到"怎样设计一份合理的营养午餐?"这一问题,你有什么疑问?

问题①——怎么样的是合理的?怎么样的是有营养的?

问题②——我在设计时还需要知道什么?

问题③——怎样设计一份合理的营养午餐?

问题④——食堂每天安排1种主食和3个菜,我们的这份营养午餐也要这样安排吗?

2. 利用工具(KWH 量表),梳理思路

教师指导:根据大家提出来的问题,按照"已经知道""我想知道""如何解决"三大类来归类整理。

图 6-7-4 学生根据 KWH 量表梳理思路

学生活动：根据 KWH 量表，小组讨论，把想法呈现在表中。

学生交流：分享填入的信息，互相补充。

已经知道 —— 要求荤素搭配，安排 1 种主食和 3 个菜……

我想知道 —— 营养成分有哪些？怎样搭配是合理的？营养的标准是什么？……

如何解决 —— 查询资料，咨询营养师、厨师，尝试搭配……

3. 提取信息，尝试搭配

根据"美食红黑榜"TOP6，学生讨论菜品如何搭配。

表 6-7-1　"美食红黑榜"TOP6

排序（按喜爱程度逐降）	菜品
TOP1	红烧排骨
TOP2	炸鳕鱼排
TOP3	番茄牛腩
TOP4	香菇鸡块
TOP5	茭白毛豆
TOP6	炒青菜

思考 1：如果在 6 个菜品中选择 3 个（不考虑荤素搭配），则一共有 20 种搭配。

思考 2：如果 3 个菜为一荤、一半荤半素、一素，则红烧排骨和炸鳕鱼排二选一，番茄牛腩和香菇鸡块二选一，茭白毛豆和炒青菜二选一，一共有 8 种搭配。

(三)小组合作,开展项目研究

1. 查询相关信息

信息1:怎么样的是有营养的?人体每时每刻都在消耗能量,这些能量是由能够产生热量的食物的营养素提供的,如蛋白质、脂肪、糖类和碳水化合物。它们经过氧化,产生热量,供身体维持生命、生长发育和运动。10岁左右的儿童从每顿午餐中获取的热量应不低于2926千焦,脂肪应不超过50克。符合这个标准的午餐就是营养午餐。如果热量供给过多,多余的热量就会变成脂肪贮存起来,时间久了,身体就胖起来了。

信息2:各类菜品的营养情况。

表6-7-2　每个菜品的热量和脂肪含量

排序(按喜爱程度逐降)	菜品	热量/千焦	脂肪/克
TOP1	红烧排骨	1234	20
TOP2	炸鳕鱼排	1008	15.6
TOP3	番茄牛腩	615	2.2
TOP4	香菇鸡块	351	5.35
TOP5	茭白毛豆	276	6.9
TOP6	炒青菜	170	3.31
	米饭	970	0.5

2. 数学信息提取

(1)10岁左右的儿童的午餐:热量≥2926千焦,脂肪≤50克。

(2)不能提供过多的热量,多余的热量会变成脂肪贮存起来。

3. 搭配、计算

(1)列举法,罗列所有搭配。

(2)估算或利用计算器,计算各种搭配的营养值。

思考1:脂肪可以不考虑,因为通过估算,脂肪含量最高的红烧排骨、炸鳕鱼排、香菇鸡块加起来总值也不超过50克。

思考2:通过估算,发现20种搭配中,几种搭配的热量值少于2926千焦,则不必再计算。

思考 3：对其他搭配进行计算，将热量偏高的搭配排除。

4. 形成学习成果

成果 1：

学生汇报：

①列举法，用序号表示对应的菜品，有序列出 20 种搭配情况；

②用计算器计算每种搭配的热量值和脂肪含量，计算发现数值越来越小，因此最后几种不再计算；

③根据热量 ≥ 2926 千焦，脂肪 ≤ 50 克的要求，筛选出符合要求的 7 种搭配；

④再根据营养的要求，即一荤、一半荤半素、一素，筛选出符合条件的 2 种搭配。

搭配 1：红烧排骨 + 番茄牛腩 + 茭白毛豆 + 饭

搭配 2：红烧排骨 + 番茄牛腩 + 炒青菜 + 饭

成果二：

学生汇报：

①根据一荤、一半荤半素、一素的搭配要求，先罗列出 8 种可能情况；

②用计算器计算每种搭配的热量值和脂肪含量，并根据热量 ≥ 2926 千焦，脂肪 ≤ 50 克的要求直接筛选；

③最后筛选出符合条件的 2 种搭配。

搭配 1：红烧排骨 + 番茄牛腩 + 茭白毛豆 + 饭

搭配 2：红烧排骨 + 番茄牛腩 + 炒青菜 + 饭

5. 师生评价

（四）回顾一日午餐，拓展一周午餐

1. 深入研究

师：如何搭配一周的营养午餐？

生：利用相同的方法继续研究，从"美食红榜"中选出更多的菜。

2. 回顾与成果展示

（1）回顾项目化学习的过程。

（2）思考并制作一周营养午餐设计书。（后续）

（3）通过相关平台将设计书递交学校，经审核后推广。（后续）

【案例点评】

（一）聚焦生活问题，经历"真"学习

通过项目化学习，学生跳出了原有那种做题、答题的固化模式，学会了从现实生活中发现问题、提出问题，进而在研究过程中应用 KWH 量表来思考、改进，提出自己的研究方案，最终形成了可公开展示的成果。围绕学校开展的"美食日光族"活动，学生进行了统计、分析，发现午餐搭配有菜品重复、荤素搭配不合理的问题，从而产生了研究的需求，也就是研究怎样搭配一份合理的营养午餐。学生围绕这一生活实际问题展开研究，不仅学习了数学知识——搭配、估算、计算等，更形成了解决问题的一般思路，同时也体现了参与学校管理的主人翁意识和精神。这样的学习活动围绕真实问题，又超越问题本身，让学生经历了一次"真"学习。

(二)经历研究过程,体验"真"实践

在研究的过程中,学生始终是学习的主体。学生使用 KWH 量表,围绕"已经知道""我想知道""如何解决"这三个大类,让无序的思考聚焦到解决问题的关键点,为进行真正的探究确定了方向。而后,学生通过小组合作,不断进行思维碰撞,互相提问,根据营养午餐的搭配要求,逐步排除不合理搭配,最终得出最佳方案。在汇报交流中,学生围绕要解决的问题,充分暴露思考过程,其他组则吸收合理想法以优化自己的想法。这样的学习过程,把学习的主动权真正交给学生,让学生在实践活动中,学习了知识、达成了技能、形成了方法。

(三)感悟思维方法,领会"真"方式

学生在解决问题的过程中,通过系列实践活动,获得高阶思维的发展,应用、分析、创造等认知能力也得到了发展。在学习过程中,学生在分析和解决问题时,会自动搜索脑中已有的知识和技能,比如估算、有序搭配等,也会主动地搜索解决问题的策略和方法,比如先考虑一荤、一半荤半素、一素,这就是数学在生活中的解释、应用、检验和发展。通过这样的一次项目化学习,学生从知识的理解走向行动释解。学生基于原有的知识储备,在面临新的数学活动时,形成了各自独特的解决问题的思路、方法、成果,从而提升了自己对数学的独特感受,这个感受来自用数学眼光观察世界的过程,来自用数学思维分析世界的体验,来自用数学语言表达世界的经历。

案例 8 "书籍版权页中的数学"项目学习案例设计

项目化视角下的综合实践

【学习内容】

书籍版权页中的数学

【适用年级】

五年级

【驱动问题】

要制作一本作品集,需要考虑哪些因素呢?书籍版权页中藏着许多数学信息,它能告诉你一本书的奥秘。这些数学信息各表示什么意思呢?这些数学信息又是怎么来的呢?

【案例背景】

生活处处皆数学,尤其是小学数学知识在生活中的存在和应用更为普遍。《义务教育数学课程标准(2011年版)》中明确提出,在小学数学课堂教学中,应以学生为课堂主体,提倡数学生活化教学理念。引导学生关注身边的数学,尝试研究生活实际中的数学问题,是新课标的重要目标。而改变学生的学习方式,建立以学生为中心、让学生主动探究的学习过程,更是新一轮课改的优先方向。把生活化教学引入小学数学,可以加深学生对数学知识的理解,激发学生对数学的兴趣,提高学生对数学的实践和应用能力。基于此,笔者结合对数学的理解及对教材的解读,从教材中挖掘生活内容,从生活中筛选教学元素,引导学生关注生活中的数学,了解数学学习的价值,真正在体验、探究、实践和理解中高效发展,全面提升数学素养。

(一)链接生活概念,挖掘数学理解,丰实教学素材

书籍版权页是学生既熟悉又陌生的素材,其中蕴含着丰富的数学内容,比如,描述书籍裁切大小的开本,描述印刷纸张数量的印张,书籍的页码、字数、国际标准书号、版次、印次、定价……这么丰富的数学素材怎样为学生所用?适合哪一个阶段的学生?数学素材成为有价值的教学素材需要教师进行进一步的梳理与整理。因此,笔者查阅大量资料,有选择性地选取了研究的四个主题词:开本、印张、页码、字数,并将本课的知识性目标定为理解开本、印张、页码、字数,进一步理解分数

的意义,知道开本×印张=面数;将过程性目标定为学生能用不同的策略解决问题,进而发展学生学习数学的兴趣及解决问题的能力。

(二)深入书籍版权页,累积活动经验,发展关键能力

首先,书籍版权页中蕴含着较多具有综合性、趣味性、挑战性的数学内容,因此适合学生开展项目化学习。其次,书籍版权页中的数学内容属于比较开放的知识点,开展项目化学习可以充分地调动学生的探究欲望和学习积极性。再者,针对书籍版权页中的内容,学生能够查到很多资料,比如能搜索到什么叫开本、什么是印张,但学生难以真正理解开本信息、印张内涵,这些都属于学生的认知难点,项目化学习可以引导学生分块开展子项目的研究。针对书籍版权页中的项目化学习内容,笔者前期做了较长时间的准备工作,比如设计了两次课前探究性学习,对相关结果进行批阅。有些学生提出了许多好问题,也有些学生不知所措。这样充分的准备,让课堂的目标聚焦于学生解读不到位的数学内容。特别令人欣慰的是,在过程中,学生人人参与,综合素质逐步提高。

【学习目标】

1. 知识与技能:知道书籍版权页,明白知识产权的意义;理解"开本""印张""页码""字数"等术语的含义,初步弄清它们之间的数学关系等。

2. 过程与方法:通过调查和折、量、比等实际操作,了解有关开本的知识及印刷常识;积累项目化学习经验,进一步理解概念意义。

3. 情感与态度:根据现实生活中的材料或资料,尝试发现与提出数学问题,并进行探究,培养研究性学习的兴趣和能力。

【案例展开】

(一)准备阶段:引出版权页,激发探究欲望

活动一:引出问题

师:今年元旦,每名同学将制作一本属于自己的作文集(提供作文集样本),那一本书需包含哪些内容呢?

1. 小组讨论：书籍的基本架构有哪些？（聚焦书籍版权页）

2. 个体记录：书籍版权页中有哪些数学信息？

3. 问题梳理：罗列版权页中自己不懂的概念与数字（例如：开本、印张、版次、印次、字数、书号等）。

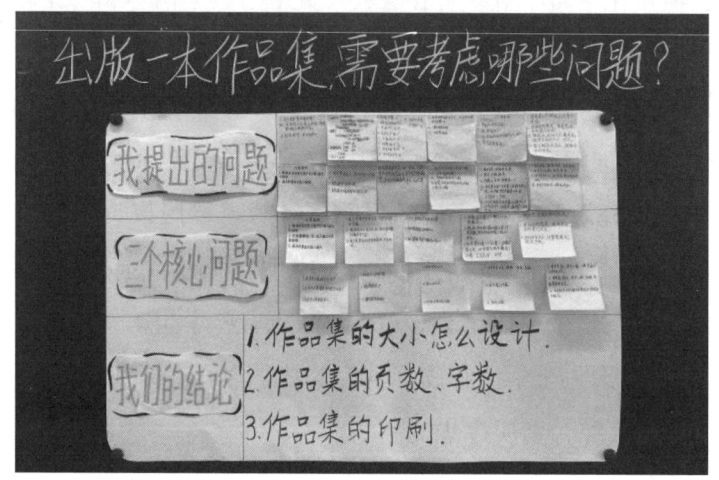

图 6-8-1　"出版一本作品集，需要考虑哪些问题"思维工具表

活动二：探究性学习

1. 第一次探究性学习

学生自主调查书籍版权页中哪些内容和数学有关，完成一份数学探究性学习报告，初步聚焦数学内容。

2. 第二次探究性学习

针对第一次的学习报告，教师做一次批阅；学生进行第二次探究性学习，进一步理解书籍版权页中的数字所表示的实际内容。

活动三：设计方案

学生确定自己的研究主题和研究方案。

	探索一	探索二	探索三	探索四
研究主题	开本	印张	页码	字数
研究方案	①寻找4本书籍，记录开本信息 ②借助全张纸理解开本意义 ③查阅资料，比较分析，求同存异	①查阅资料，了解印张 ②翻阅4本书籍的版权页，找到印张，展开研究	①通过开本和印张计算页码 ②比较书籍的页码，讨论缺少的几页去哪了	①寻找相对能代表整本书的一页 ②先数一行字数，再数行数和页数，进行计算 ③和版权页中的字数进行比较

（二）研究阶段：交流方案、操作验证

1. 聚焦认知难点

（1）介绍版权页的价值，知道维护知识产权的意义。

（2）反馈学生调查结果，明确研究内容，聚焦疑难问题，展开研究。

（3）聚焦认知难点，确定研究内容为：开本、印张、页码、字数。

2. 研究讨论4个难点概念的含义及其相互关系

（1）研究主题一：开本

①查找相关资料，明确开本含义

开本指书刊幅面的规格大小，即一张全开的印刷用纸能裁切成多少张。常见的开本有32开（多用于一般书籍）、16开（多用于杂志）、64开（多用于中小型字典、连环画）。

②学生提出猜想，确定研究思路

●小组合作选择研究书籍

确定4本书籍：语文书、数学书、口算训练册、新华字典。

●准备其他研究材料

每组准备一张全张纸，不同开本的书籍（绘本、字典）和报纸等。

●结合调查内容和相关信息，确定研究方法

研究主要围绕三个问题：版权页中对开本的表述是怎样的？全开是什么意思？裁切成多少张又是什么意思？

③研究结果交流、辨析

● 全张纸概念的深入解读

全张纸的大小一般为 787 毫米 ×1092 毫米，也有其他规格的。结合实例解读概念，比如，1/16 表示把全张纸裁切成 16 等份，数学书的大小就是它的 $\frac{1}{16}$。

● 深入展开全张纸与不同开本的关系

交流主要围绕三个问题：

同样是使用 787 毫米 ×1092 毫米的全张纸，为什么两本书籍的大小不同？（裁切的份数不同）

同样是 16 开，为什么两本书籍的大小不一样？（对应的全张纸尺寸不同）

同样是使用 787 毫米 ×1092 毫米的全张纸，16 开的数学书和 64 开的字典在开本大小上是什么关系？（1∶4 的关系）

图 6-8-2　学生操作

● 直观判断开本信息

出示三组信息：

787mm × 1092mm　1/32

889mm × 1194mm　1/16

787mm × 1092mm　1/64

请学生来说说，这三组有关开本的信息分别可能是哪本书，并说出判断的依据。

● 解读 A4 纸的裁切方式

学生猜测 A4 纸的裁切方式。

介绍 A0 纸张及 A1 纸张的裁切方式。对开裁切也就是将一张 A0 纸张平均分

成两份，A1纸张就是其中的一份。（课件出示）

学生自己推理A4纸的裁切方式。

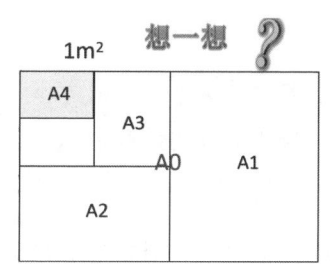

（2）研究主题二和三：印张和页码

①查找相关资料，明确印张含义

印张，书籍出版术语。它说明印这本书需多少纸张。因为一张纸可以印两面，所以两个印张才算一个全张。一令纸是五百张，一千印张就是一令纸。

②学生提出猜想，确定研究方向

●小组合作选择4本书籍

●准备其他研究材料

●结合调查内容和相关信息，确定研究方法

研究主要围绕三个问题：印张的计算方法是怎样的？总面数是怎样计量的？印张为什么会有小数，是怎样进位的？

③学生展开研究

翻开语文书和数学书，查看版权页上标明的印张数。

④研究结果交流

●明确三个问题

印张的计算方法是怎样的？（面数 ÷ 开本数）

总面数是怎样计量的？（凡是用纸的正文，包括与正文部分合在一起印刷的前言、目录、索引、附录、后记等，其所占面数都要计入总面数）

印张为什么会有小数，是怎样进位的？（若印张中出现小数，一般要根据"使不足一个印张的零页呈双数状态"的原则向上进位，以便于印刷、装订。比如，16开进到0.25、0.5、0.75；32开进到0.125、0.25、0.375、0.5、0.625等）

●小组交流，换算语文书和数学书的印张和页码。

●说明计算方法，总结数量关系：开本数 × 印张＝面数。

（3）研究主题四：字数

①书籍字数的表示方式

一般都是以千字为单位的。"千"是一种国际通用计数方式，同时，出版社一般以千字来计算稿费。

②字数的计算方法

估算字数。字数是如何计算出来的？学生选择合适的一页作为参照，估算书籍的字数，发现自己估算的字数和版权页标记的字数有很大的差异。

教师介绍版面字数如何计算。使学生明了估算的字数和版面字数之间的差异这么大的原因。

（三）延伸阶段：继续研究书籍版权页中的其他数学问题

1. 研究验证

把家里的书按照不同的开本进行分类并统计，绘制统计表；找一本书，验证一下开本、印张、页码是否正确。

2. 继续研究

继续研究书籍版权页中的数学问题，研究方向自定。如，国际标准书号 ISBN 是如何编码的？书籍的定价是怎样计算的？

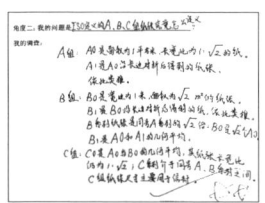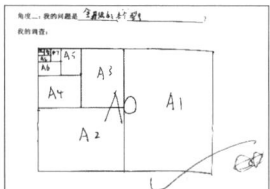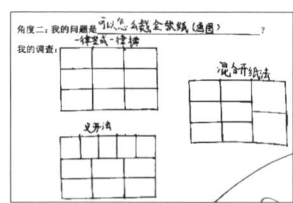

图 6-8-3　学生自主探究

（四）展示阶段：制作作文集的版权页

有了这次项目化学习的经验，请学生尝试为自己的作文集制作版权页。

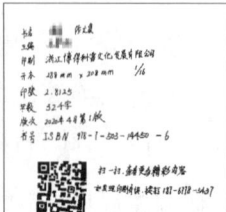

图 6-8-4　学生作品

【案例点评】

在当下的课程改革中,教师要关注学科的核心素养,关注学生学习了这门学科之后留下的关键能力、必备品格与价值观念。在这样的课程观之下,教学就必然指向真实情境下的问题解决。这次项目化学习的经历,为学生对真实情境中的数学问题的研究打开了一扇窗。课结束以后,学生继续深入研究了书籍版权页中的其他数学问题。

(一)生活概念与数学教学,让数学与生活深度整合

我们身边的数学的确不少,但巧妙的设计似乎更为重要。教师作为学生学习的引导者,要做到精心设计教学,合理组织材料,既不能离开数学问题而空谈一些不着边际的东西,又不能过于数学化而使学习显得枯燥无味。"书籍版权页中的数学"里面的数学内容有很多,笔者对这些数学内容做了一次规整和划分,分散了一些难点(如国际标准书号编码问题),开展了项目化学习。通过项目化学习,学生知道了数学存在于生活中的方方面面,激发了内在的学习动机,觉得数学是非常贴近生活的知识,从而激发了学习兴趣,保持了学习的持续性。

"书籍版权页中的数学"是五年级下半学期教学"分数的意义和性质"以后学生的一次拓展研究。通过这样的项目化学习,学生对分数的意义的理解不断深入,能够清楚地理解分数作为比率的意义。学生了解了不同的开本表示的是全张纸的几分之几;相同的开本由于单位"1"的不同,实际大小就不同;不同开本,在单位"1"相同的情况下可以互相比较。同时,通过对 A4 纸的研究,学生的比率知识得到了进一步巩固,对分数有了进一步的理解。这样的学习以意义重构的方式展开,并以知识结构的形态存储在学生的头脑之中,有利于学生在后续的学习中提取和转化。

(二)学生研究与数学项目,让实践与知识深度融合

数学研究要引导学生走进生活,在实践中学习。教师需要给学生创造实践学习的机会,让学生走出教室,在生活实践中开展学习。"书籍版权页中的数学"项目化学习正是将学习研究的空间从课外引入课堂,再让学生走出课堂,探索更广阔的数学问题。课堂上,学生碰到问题或组内交流,或小组与小组之间开展对话,趴在

地上进行实际测量、验证，研究书籍、报纸……学生带着问题走出课堂，他们走进出版社、走进书店，研究 A0 纸的裁切方式，研究书籍定价的方式，研究全张纸的真实裁切方法，研究衍生的 $\sqrt{2}$、黄金比等。

（三）数学思想与数学技能，让方法和策略慢慢升华

数学是学生学习生涯中一门非常重要的学科，学生需要具备一定的逻辑思维和问题解决能力。小学生还没有形成系统的数学体系，学习数学有一定的困难。遇到生活中的数学问题，学生不一定缺乏知识基础，而是缺乏解决问题的方法和策略。通过一类课、一系列项目进行学习与研究，学生能掌握更多的数学方法和数学策略，去解决未来可能遇到的更多问题。

案例 9 "唐塔中的数学密码"项目学习案例设计

以项目化学习探索"数之美与意"

【学习内容】

唐塔中的数学密码

【适用年级】

六年级

【驱动问题】

校园旁矗立着一座千年唐塔，与我们的校园相依相伴。古塔历经千年而岿然不动，无论从哪个角度观看，都透露着无尽的美感。让我们走近它，从数学的视角去破解美的密码。

【案例背景】

（一）数学美育功能的缺失，提醒我们在教学中需要挖掘

受到中国传统实用主义的影响，人们在做什么之前总喜欢问一句"学这个有什么用"，这使得人们的审美水平远远跟不上经济发展的程度。美学家蒋勋说："一个人审美水平的高低，决定了他的竞争力水平。因为审美不仅代表着整体思维，也代表着细节思维。给孩子最好的礼物，就是培养他的审美力。"因此，审美力是一个人的核心竞争力之一。

数学蕴含着无穷的美。罗素说："数学，如果正确地看，不但拥有真理，而且也具有至高无上的美。"但是由于受到应试教育的影响，数学一直以来给予人的是枯燥、无趣的印象，很多学生"望数兴叹"，更别说体会数学之美了。因此，我们要挖掘数学的美育功能，让学生从知识内容的学习中，体会概念之美、公式之美、体系之美等；从思想方法的感悟中，体会简约之美、类比之美、抽象之美、无限之美等；从数学活动的实践中，体会对称之美、和谐之美、奇异之美等。

（二）数学的美时时刻刻存在，提醒我们在学习中需要感悟

要彰显数学的美感，就要让学生真切地感受到数学的可爱与美丽。尽管数学之美存在于生活的角角落落，但是对小学生而言，太常见的东西往往会让他们忽略其中的美。因此，在数学学习中，我们应多设计实践活动，让学生体会数学之美。宁波市海曙中心小学作为百年老校，有着江南现今保存最完整的唐塔——天宁寺塔。学生每天进入校园就能看见这座历史悠久的文物。如果从数学角度去欣赏塔，他们会发现塔中的数据是如此之和谐，塔的底面边长和高度有着锥体最美的比例，塔的各层的高度和宽度又有着一定的数学排列，这些都可以让学生感受到数学的和谐美。同时，数学不仅拥有着至高无上的美，还有着无穷的寓意。唐塔中的层数、壶门的高度等都有着我们中国传统文化的影子，因此可以通过对塔的研究，让学生根植于文化，体悟数字的寓意。

【单元设计】

"家乡的塔"项目化学习,融合了语文、数学、美术、信息技术等学科,形成了四个子项目。

1. 塔的前世与今生 —— 了解塔的历史、故事、文学作品等。

2. 塔中的数学问题 —— 从塔的数学结构入手,揭示美的密码。

3. 标志性建筑的设计 —— 汲取塔的造型思路,设计宁波市海曙中心小学分校的标志性建筑。

4. 塔的模型构建 —— 用3D打印实现模型的构建。

【学习目标】

1. 识记 —— 了解塔的历史、文化以及塔中简单的数学信息。

2. 理解 —— 发现塔的层数、面数的寓意;通过观察、猜想、测量、计算、分析等活动,发现塔中各部分之间的关系,揭示美的数学密码。

3. 应用 —— 能用学到的数与形之间的关系的知识来观察生活。

4. 创造 —— 能根据所探究到的数学规律指导创造活动 —— 建筑的平面设计。

【案例展开】

(一)着眼古今中外,了解塔的相关信息

师:同学们带着调查表走近了塔。现在请大家来交流汇报一下,你们都了解了些什么?

1. 塔的历史

学生调查结果:最早的塔建于公元520年。中国现存2000多座塔。塔最初是为供奉或收藏佛骨、佛像、佛经、僧人遗体等而建造的,以砖石或木结构为主。在现代,一般把高耸的塔形建筑也称为塔。

2. 中国古塔

学生调查结果:

塔名	地点	朝代	相关信息
嵩岳寺塔	河南登封	北魏	现存最早的砖塔,距今已有1470多年的历史
千寻塔	云南大理	唐朝	建于公元9世纪,大理三座古塔成"品"字形矗立在一起
释迦塔	山西朔州	辽代	中国辽代高层木结构佛塔
飞虹塔	山西洪洞	汉代	建于汉代,塔身琉璃镶嵌,俗称"琉璃塔"
雷峰塔	浙江杭州	北宋	初建于公元977年,为中国首座彩色铜雕宝塔
六和塔	浙江杭州	宋朝	现存最完好的砖木结构古塔之一,距今有1000多年历史
天宁寺塔	浙江宁波	唐朝	又称"唐塔""咸通塔",现存年代最久的唯一一座唐砖塔
天封塔	浙江宁波	唐朝	因建塔年号始末"天""封"而得名
文峰塔	浙江宁海	明朝	位于宁波市宁海县跃龙山,是一座砖塔
镇蟒塔	浙江鄞州	唐朝	位于宁波市东吴镇童一村小白岭上,俗称"小白塔"

3. 世界名塔

学生调查结果:

塔名	地点	相关信息
东方明珠塔	中国上海	高468米,抗震标准为:7级不动、8级不裂、9级不倒
埃菲尔铁塔	法国巴黎	高324米,为庆祝法国大革命胜利100周年而建
哈利法塔	阿联酋迪拜	高828米,世界第一
比萨斜塔	意大利	意大利的地标,倾斜角度3.99°
双子塔	马来西亚	高452米
广州塔	中国广州	总高度600米,俗称"小蛮腰"

（二）关注家乡的塔，形成研究方向

师：同学们，之前的几节课中，我们了解了塔，画了塔。这节课，我们将继续欣赏，并研究美妙的塔。（板书课题：美妙的塔）

师：你对我们家乡的塔有哪些了解呢？（定格宁波的三座塔）

生1：天宁寺塔始建于唐咸通年间，又称为"咸通塔"，是我国江南地区现存原体保存最完整的唯一一座唐代砖塔。

生2：这座塔原在天宁寺门前，是原来的西塔，东塔已经倒塌。

生3：整座塔都是用砖垒成的。

生4：这座塔的底面是正方形的。

……

师：用数学的眼光去观察，你想研究什么？

生1：我想知道这些塔有几层，塔的底面是什么形状的。

生2：我想知道这些塔都有多高。

生3：塔建筑是上小下大的，我想知道工匠是怎么收缩的。

……

师：大家提出了很多有价值的问题，就让我们一起来探索研究吧。

（三）小组合作探索，解开数学密码

	探索一	探索二	探索三	探索四
探索主题	塔的层数和面数的特点	塔的底面边长和高度的关系	塔的每一层的高度、宽度的变化规律	壶门的高度与塔的每一层高度的关系
验证策略	①直接数一数塔的层数和面数 ②查阅相关资料	①测量塔的底面边长和高度 ②计算它们的比值	①测量相应的高度和宽度 ②计算,根据数据增减变化,得出规律	①测量壶门的高度和塔的每一层的高度 ②计算它们的比值

探索一:塔的层数和面数的特点,感受"数之意"

师:观察中国的古塔,你有什么发现?

生1:我们研究的是塔的层数和面数。天宁寺塔是五层,四面。我们知道一般古塔的层数都是单数的,天封塔就是七层,六和塔是十三层,西安的大雁塔也是七层。

生2:天宁寺塔的底面是正方形的,天封塔的底面是正六边形的,六和塔的底面是八边形的。

师:你们知道这是为什么吗?

生:塔的底面边数为偶数,如正方形、六边形、八边形、十二边形等。除了因为结构稳定,还与我们的文化有关。数字在中国古代除了运算功能,还被赋予了哲学意义。数字有奇有偶,有阴有阳。天数奇数,为阳数,生数;地数偶数,为阴数,成数。天在上,向高发展要用天奇数;地在下,平面展开要用地偶数,这是中国人对数的讲究。

师:那有没有特例呢?

生3:我知道大理的千寻塔是十六层,小塔是十层,因为古代大理生活的民族主要是白族,那时白族处于母系社会,所以他们用阴数作为层数。

生4:我还知道中国台湾的101大楼就是101层的。

探究二:塔的底面边长和高度之间的关系

师:为了便于研究,我以学校边上的天宁寺塔为例,按1:25画出了平面图,作为大家研究的材料。请大家根据自己的研究主题,量一量、算一算,并把结果记录下来,看看有什么发现。

生1：底面边长为3.2米，高度为12米，底面边长和高度的比值接近0.25。

生2：底面边长为3米，高度为12米，底面周长和高度的比值接近1。

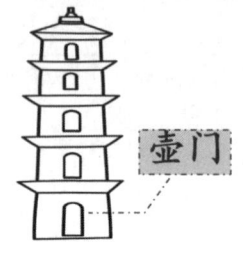

师：大家都发现了这条规律，其实这样的比例是锥体最美的尺寸。

探究三：塔的每一层的高度、宽度的变化规律

师：同学们，你们测量了塔的每一层的高度和宽度。你们有怎样的发现？

生1：我发现每一层的高度，除了第一层比较高是2.5米，其余几层分别是1.08米、1.00米、0.92米、0.84米，是一个等差数列。

师：每一层的高度依次递减，逐层收缩，给人以美感。

生2：我发现每一层的宽度，第一层4.71米，第二层4.82米，第三层4.47米，第四层4.06米，第五层3.70米，也和高度一样，接近等差数列。

师：大家用数据说明了这个塔是逐层收缩的，这些数据接近等差数列，是依次递减的。

探索四：壶门的高度与塔的每一层高度的关系

生：我们通过测量和计算，发现壶门的高度大约是每一层高度的60%，接近黄金比。

师：黄金比是最具美感的一个比例数值，尽管它是由西方的数学家提出来的，但是我们的古人早已把这样的规律应用到了建筑之中。

（四）用数学眼光观察，发现数与形的完美结合

1. 由形到数，体会不同美感背后的数值规律

师：天宁寺塔虽然简约，但是真是不简单。世间的事物并不是固定不变的。你们看，这是杭州的两座塔，人们亲切地称它们为"美女塔"和"将军塔"。如果从数学的角度思考，这两座塔蕴含着怎样的比例关系？

生1：我们研究这些塔的对径和高度的关系，发现了不一样的数值。

生2：保俶塔的底面对径和高的比是1∶5，而六和塔的底面对径和高的比是1∶2。

生3：我觉得底面对径和高的比值越小，这个塔就越细长，就像保俶塔，所以它才会有"美女塔"的称号。而六和塔的这个比值比较大，所以六和塔看起来比较魁梧、雄壮，所以它才会有"将军塔"的美称。

生4：不同的视觉美感，是因为其背后的数值是完全不一样的，真有意思。

2. 由数到形，感受不同数值带来的不同的视觉美感

师：猜一猜，比萨斜塔的底面对径与高的比是多少？

生1：我觉得是1∶5，我是估计出来的。

生2：我感觉是1∶4，我觉得这个塔看起来比保俶塔更粗壮一些，而比六和塔又纤细一些，所以我觉得是介于它们之间的一个比。

……

师：大家的感觉比较准确,比萨斜塔底面对径与高的比确实是 1∶4。

师：有一座塔,它的底面边长∶高 =1∶0.618,猜一猜,这会是哪一座塔?

生3：底面边长是1,高度是0.618,这座塔有点矮矮胖胖的。

生4：这座塔比我们学校前面的塔看起来要矮很多。

生5：这座塔是不是我们所熟知的埃及金字塔?

师：同学们真是厉害!能透过形状估计出其背后的数据特征,又能通过数据想象出不同的形状来。这就是数学的魅力,它能帮我们破解美的密码。

(五)学习方法迁移应用,挑战设计塔形建筑的新任务

师：同学们,今天我们从数学的眼光去观察,用数学的思维去思考,用数学的语言来表达,深入剖析了塔中的数学密码。

师：大家在美术课上,借鉴塔的元素,设计了我们分校的标志性建筑。如果要画出这个建筑的平面图,今天的学习会给你们怎样的启示?

师：请大家画出平面图,标上相应的尺寸,并想一想这样设计的理由。

【案例点评】

(一)引古塔进课堂,拓宽学生的视野

天宁寺塔作为学校旁真实存在的一景,已经深入学生的日常学习生活。把学习目标聚焦到古塔上,让学生经历一次真实的、富有挑战性的学习任务,打破学习的边界,从课本到生活,从例子到实际,是一次有意义的学习之旅。关于数字的寓意,我们的数学教学极少涉及,而我们的生活却与之密切相关。古今中外,无论是神性的象征还是礼数、历数,都是劳动人民智慧的结晶,而唐塔作为佛塔,也传递了中国传统文化的内涵。因此,看似简单的层数和面数,其实传递了极有文化内涵的寓意。同时,塔中的各种数学比例,无不凝结着劳动人民的智慧,传递着和谐之美。通过项目式学习活动,学生解开了塔中的数学密码,体会到数学的精准,进而拓宽了视野。

（二）做项目促内生，丰富学生的体验

对唐塔的研究，不是罗列客观事实，而是进行项目式学习，让学生面对富有挑战性的真实问题——解开唐塔的数学密码，进行持久的探索——进行塔的调查、了解塔的层数和面数的数字寓意、测量塔的有关数据、计算底面边长与高度的比值、排列各层宽度的数据、得到高度与宽度的比值……在这个过程中，学生要不断地进行反思、总结、评价和修正，最后形成自己的结论——塔的底面边长和高度的比值接近0.25，这是锥体最美的尺寸，塔中存在等差数列、黄金比等。这样的项目化学习，颠覆了就知识点展开的学习模式，需要高阶思维的积极参与，从而使得学生的高阶能力，也就是创新能力、问题求解能力、决策力和批判性思维能力等，得到了培养。

（三）联数形成一体，提升学生的审美力

毕达哥拉斯说："美是和谐与比例。"的确如此，一幅让人赏心悦目的作品的背后一定有一组和谐的数。先有一个构思的草图，然后给草图标尺寸、找数据，再呈现完整的作品——学生的学习正是经历了这样的过程。让学生就富有美感的作品找出数据，从中发现各数据之间的关系，体会中国的古人是如何利用数的和谐关系来达到美学的最高境界，同时指导学生进一步完成自己的作品——这一过程能够引导学生运用数学来指导自己的创作，这样的思维方式同时也为学生打开了一扇窗。

"唐塔中的数学密码"这样的项目，充分挖掘了数学学科的美育功能，达到了培养学生审美力的终极目标。

在"唐塔中的数学密码"项目化学习中，学生体会到了数学的美感、数的寓意。审美性、人文性和趣味性被融入课堂，数学独有的魅力深深地吸引着学生，原本枯燥的数学变得生气勃勃、有血有肉。

案例10 "自行车速度里的奥秘"项目学习案例设计

综合与实践视野下的数学眼光[1]

【学习内容】

自行车速度里的奥秘

【适用年级】

六年级

【驱动问题】

汤姆的自行车被朋友偷偷改造了,车把的连接杆上被焊接了一个齿轮,导致这辆自行车无法正常行驶。如果要设计一辆稳定又快速的自行车,你觉得可以怎么设计呢?

【案例背景】

小学数学教材中的综合与实践内容以学生感兴趣的实际问题为素材,引导学生通过数学思考,或构建模型,或给出方案,或解决问题,是发展学生数学眼光的好材料。"自行车里的数学"是在学生学习了《比例》单元后编排的综合与实践活动,活动以自行车"蹬一圈能跑多远"为研究问题,主要探索"前后齿轮比与自行车蹬一圈行进路程"之间的关系。教学时如果按照教材直接呈现研究问题,引导学生

---

[1] 本案例发表于《教学月刊·小学版》2021年第12期。(收录时有删改)

进行探索,会缺少让学生自主发现问题、提出问题的过程。直接呈现问题还会让研究的内容仅限于前、后齿数的比值上,缺少对所涉及知识的综合应用的探究。为此,教师对该活动进行了改造,把"自行车里的数学"改为"自行车的哪些设计与速度有关",将研究两个问题改成了研究四个子问题(见表6-10-1),使研究更有现实价值。

表6-10-1 "自行车的哪些设计与速度有关"问题分析

改造前	改造后	
驱动问题:自行车里的数学	驱动问题:自行车的哪些设计与速度有关	对应知识点
问题1:这辆自行车蹬一圈能走多远? 问题2:蹬同样的圈数,哪种组合能让自行车走得最远?	子问题1:车轮的形状为什么设计成圆的?	圆的认识
	子问题2:车轮大小的设计有什么奥秘?	圆的周长
	子问题3:车架、车座、车把的形状为什么设计成近似三角形?	三角形的认识
	子问题4:齿轮的设计与速度有什么关系?	比例

这样的改造使得探究活动更为综合,研究的问题不仅指向比例的知识,更链接了图形的知识,应用图形的特征解释生活现象的原理,应用圆的周长公式解决自行车轮胎大小的问题等。生活中的实际问题具有复杂性和多样性,改造后的学习设计更贴近真实世界,便于教师引领学生从数学的视角进行观察、分析、建模、解答、反思,发展学生的模型思想、运算能力、应用意识和创新意识。

【学习目标】

1.通过观察、分析、操作等,围绕车轮、车架、车座、车把等进行研究,应用图形的特征解释生活现象的原理。

2.通过操作、计算、归纳等,研究轮胎的大小,会用圆的周长公式解决生活中的实际问题。

3. 探索齿轮与速度的关系，理解其中蕴含的反比例知识，能运用比的知识解决实际问题。

【案例展开】

(一)数学眼光洞察：经历"现象 — 问题"的过程

1. 情境驱动：播放视频，汤姆的自行车被朋友偷偷改造了，车把的连接杆上被焊接了一个齿轮，导致这辆自行车无法正常行驶，汤姆多次挑战都没有成功。

思考：看到这个现象，你对自行车有什么想法？

2. 形成驱动问题：自行车的哪些设计与速度有关？

3. 构建研究方案：

(1)学生自主提出初步猜想

影响自行车速度的因素可能有：轮胎大小、蹬脚踏板的速度、自行车的齿轮数、车轮的形状、人骑车的姿势、车轮一周的长度、车把手的形状……

(2)小组讨论筛选最优猜想

四人小组讨论，针对"自行车的哪些设计与速度有关"这个问题选出最优猜想，形成小组意见(如蹬脚踏板的速度确实能够影响自行车的速度，但是这个因素不属于自行车的设计，因此不纳入最优猜想之中)，并全班交流。

(3)学生汇报形成子问题

通过小组汇报，讨论下阶段研究的方向，形成子问题。

(二)数学眼光论证：经历"猜想 — 实践"的过程

学生对四个子问题的研究，基本上都经历了"小组共识，聚焦猜想→小组讨论，形成方案→合作探索，验证猜想→构建模型，得出结论"的过程。

1. 子问题一：车轮的形状为什么设计成圆的？

(1)小组共识，聚焦猜想

猜想一：圆形的车轮可以使汽车行驶起来比较稳定。

学生理由：生活中的汽车乘坐时都比较舒服，因为车轮是圆形的，圆心到圆周上任意一点的距离都相等，所以车轮转动时比较稳定。

猜想二：不同形状的车轮，行驶的轨迹不一样。

学生理由：不同形状的车轮，行驶的轨迹不会都是一条直线。

（2）合作探索，验证猜想

用不同形状的车轮，如圆形、正方形、三角形、六边形等，模拟行驶过程，并画出轨迹。

①当车轮是三角形时：

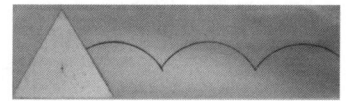

②当车轮是正方形时：

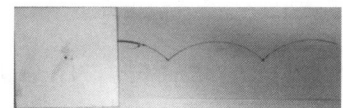

③当车轮是六边形时：

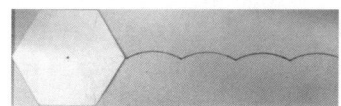

④当车轮是圆形时：

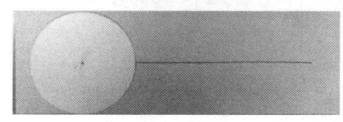

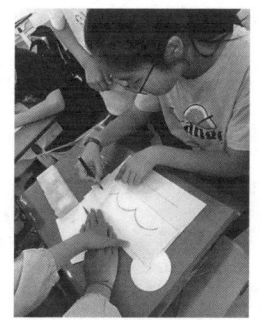

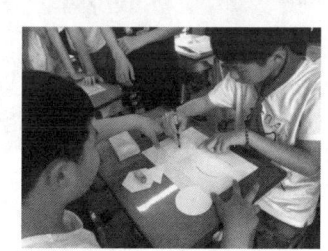

图 6-10-1　学生研究不同形状的车轮在行驶时的轨迹

（3）对比分析，得出结论

学生的结论：假设车轮是三角形、正方形，或者其他多边形，车缘到轮子的中心点的距离并不是相等的，所以行驶起来一定会上下颠簸。从不同形状的车轮行驶时的轨迹可以看出，车轮越接近圆形，车子行驶越平稳，因为圆心到圆周的距离是处处相等的。

2. 子问题二：车轮大小的设计有什么奥秘？

（1）小组共识，聚焦猜想

猜想一：自行车的行驶速度与车轮大小有关。

学生理由：车轮向前滚动一周的距离，就是车轮一周的长度。因为车轮是圆形的，所以既可以直接测量车轮的周长，也可以通过测量车轮的半径、直径来求出车轮的周长。

猜想二：自行车的车轮有怎样的规格。

学生理由：生活中常常用 18 寸、24 寸等来形容自行车的大小，这与车轮的周长有关系。

猜想三：车轮是不是越大越好。

学生理由：我们每个人的身高各有不同，不同身高的人骑的自行车也是不一样的。那么身高与自行车车轮的大小有一定的关系。

（2）实践操作，验证猜想

①测量不同大小车轮的半径，探索自行车车轮滚动一周时自行车前进的路程。

直径 70 cm　　　　半径 27.5 cm　　　　直径 46 cm
周长 219.8 cm　　　周长 172.7 cm　　　周长 144.44 cm

图 6-10-2　学生测量不同大小车轮的半径、直径

②通过查阅资料、计算，发现车轮的大小与人们常说的"英寸""寸"有关。

查阅资料：1 英寸 ≈ 2.54 cm　　1 寸 ≈ 3.33 cm

计算：18 × 2.54 ≈ 46 cm　　18 × 3.33 ≈ 60 cm

22 × 2.54 ≈ 56 cm　　22 × 3.33 ≈ 73 cm

28 × 2.54 ≈ 70 cm　　28 × 3.33 ≈ 93 cm

英寸数 × 2.54 ≈ 车轮的直径

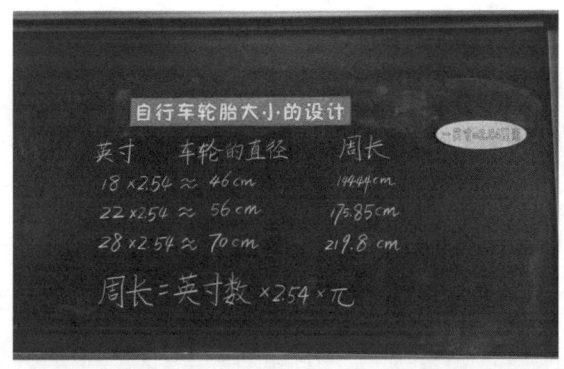

图 6-10-3 学生汇报自行车轮胎大小的设计所形成的板书

③车轮大小不同的自行车适合不同身高的学生骑行。

实践体验：

试一试妹妹的自行车,好像太低了！　　换一辆试一试,感觉好多了！
　　　　　　　　　　　　　　　　　　我 160 cm 的身高看来比较适合这辆自行车。

图 6-10-4 学生体会车轮大小不同的自行车骑行的舒适度

资料查阅：常见的自行车规格有 10、16、20、24、26、28,单位是英寸。人们应该根据自己的身高来选择合适的自行车。

80—90 cm 应选择 10 英寸；100—120 cm 应选择 16 英寸；

150—160 cm 应选择 20 英寸；160—170 cm 应选择 24 英寸；

170—180 cm 应选择 26 英寸；175—185 cm 应选择 28 英寸。

(3)构建模型,得出结论

模型一：车轮的周长 = 英寸数 $\times 2.54 \times \pi$

模型二：不同身高的人应该骑不同尺寸的自行车

3. 子问题三：车架、车座、车把的形状为什么设计成近似三角形？

（1）小组共识，聚焦猜想

猜想一：车架设计成三角形与自行车的稳定性有关。

猜想二：车座设计成三角形与骑行时的舒适度有关。

（2）实践操作，验证猜想

①画出不同形状的自行车车架。

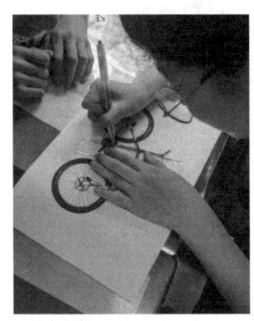  

图 6-10-5　学生研究自行车车架的形状

对比发现：自行车车架的形状基本近似于三角形。三角形具有稳定、坚固、耐压的特点，因此用三角形构造来连接前后两个轮子的自行车，在骑行过程中，会相对稳定。

资料查阅：比赛用自行车基本上也有着类似框架，只是在材料选择上更趋向于轻巧类的材料。而创意自行车会在三角形框架的基础上设计更多流线型的结构。

②实践体会不同形状的车座的感觉。

 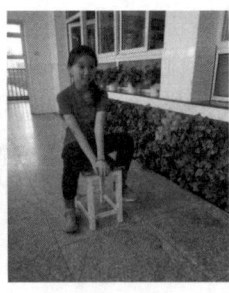  

我来试一试圆形的座凳！感觉大腿被卡住了！

再来试一试方形的凳子！

把凳子当作自行车的座凳试一试，感觉真不舒服！

坐在三角形的坐凳上，大腿容易发力！

图 6-10-6　学生研究自行车车座的形状

（3）对比分析，得出结论

结论一：自行车的车架设计成三角形，比较稳定。

结论二：三角形的车座可以让我们在骑行时双腿不用分开很多，肌肉活动受影响很小，更容易发力，而其他形状的车座则会阻碍大腿活动。

4. 子问题四：齿轮的设计与速度有什么关系？

（1）小组共识，聚焦猜想

思考：研究"齿轮的设计与速度有什么关系"，可以从哪些方面入手？

猜想一：研究前齿轮数、后齿轮数的比值。

学生理由：因为知道齿数和转的圈数成反比例，前齿轮数 × 转的圈数＝后齿轮数 × 转的圈数＝总齿数（不变），所以前齿轮数与后齿轮数的比值就是蹬一圈后齿轮转几圈，后齿轮转几圈，就是后轮转几圈。

猜想二：研究车轮的周长。

学生理由：通过观察，自行车是通过脚蹬踏板，带动前齿轮、链条、后齿轮，最后带动后轮转动才往前走的。所以只知道后轮转了几圈还不够，还需要知道车轮周长。

猜想三：研究自行车蹬一圈能走多远。

学生理由：要研究齿轮与速度之间的关系，可以先研究蹬一圈，然后通过蹬一圈走多远来推测自行车的速度。

教师建议：研究了前面两个猜想就可以研究第三个猜想了。

（2）小组讨论，形成方案

师：刚才已经讨论出了需要研究的要素，现在要知道它们的具体数据，有什么好方法？

生：可以数一数齿轮数，可以量一量车轮的周长，还可以先测量再计算。（板书：数、量、算）

（3）合作探索，验证猜想

	探索一	探索二
探索主题	自行车车轮的周长	脚踏板蹬一圈,后轮转动几圈
验证策略	①直接测量周长 ②测量车轮直径,再计算;测量车轮半径,再计算	①估计前轮转一圈,后轮转几圈 ②数一数前齿数、后齿数,再计算前后齿数比来推算

师:车轮的周长是怎样得到的?

生:通过直接测量车轮的周长;先测量车轮半径,再通过计算得出车轮周长。我们是先测量了车轮的直径,再计算车轮的周长。

师:比值怎样得到?表示什么?

生:这个比值是用前齿轮数除以后齿轮数得到的,是前后齿轮数的比值。

师:周长为什么要去乘前齿轮数与后齿轮数的比值?

生:因为齿轮数与转的圈数成反比例关系,所以前齿轮数与后齿轮数的比值就是前齿轮转1圈,后齿轮转几圈,也就是后轮转几圈。

(4)构建模型,得出结论

模型一:前齿轮数 ÷ 后齿轮数 × 车轮周长 = 蹬一圈的路程

模型二:蹬一圈的路程 × 单位时间蹬的圈数 = 单位时间行驶的路程(速度)

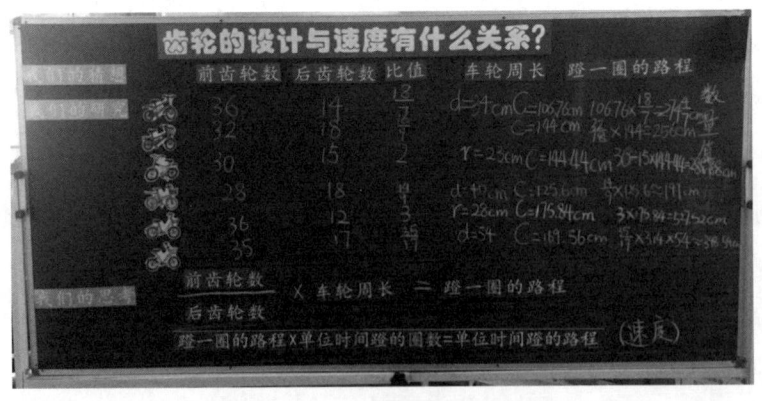

图 6-10-7 模型构建的板书

(三)数学眼光创见:经历"质疑 — 创造"的过程

师:如果运用今天所学的知识来设计一辆自行车,你们准备怎么设计?

生1：可以把自行车的车轮设计得大一点。

生2：那车轮也不能无限大吧！如果车轮很大很大，根本就不能骑了。

生3：前后齿轮比大，也就意味着蹬一圈，后轮转动的圈数多。那是否可以让前后齿轮比随意增大？

生4：如果前后齿轮比大，确实蹬一圈能够使后轮多转几圈。可是太大了，我们会不会骑不动？

生5：变速自行车就是改变了前后齿轮比，从而改变行驶的速度。

……

【案例点评】

学生往往在应用数学的思想和方法解决问题的过程中，寻求对现实世界现象的认识和理解，发展数学的眼光。可见，数学眼光是一种意识，一种能敏锐地把实际问题抽象成数学问题的意识；数学眼光是一种思想方法，一种能借助分析、推理等探求数学结构的方法；数学眼光是一种综合能力，一种能综合运用所学知识，活学活用的能力。"综合与实践"板块以与学生生活密切相关的各类具有现实性、综合性、实践性特征的问题为抓手，以自主探究为主要学习方式，为学生提供了广阔的实践平台，使学生能够从中积累数学经验，增强应用意识和创新意识，发展数学的眼光。在实际的教学中，我们可以从以下几个维度去尝试发展学生的数学眼光。

（一）驱动问题变"给予"为"内生"，促进数学意识的生长

综合与实践活动以问题为抓手，因而驱动性问题的设计至关重要，一个好的驱动问题能够为学习者提供一个广阔的、多向度的探索空间。它既能激发学生学习的内在动力，也能提纲挈领地为学生指出持续思考、自我探究的方向。

教学实践中，教师容易从知识本位出发，直接把经过加工、改造的问题抛给学生，而忽视了学生自发地从现象中发现并提出自己想要研究的问题的过程。而单纯地让学生漫无边际地提问，也会使研究的方向不清晰。因此，驱动问题的产生，应该是师生共同交流并达成共识的过程，也是学生问题"内生"的过程。

要让驱动问题真正"内生"，首先就要创设一个真实情境，这个情境好比是一个

触发器,能够引导学生产生问题,然后在师生的交流中不断让问题聚焦,逐步形成驱动问题。接下来,需要学生根据产生问题的情况提出自己的猜想,并在小组中分析、对比、交流,集中大家的意见,形成研究的主要方向。图6-10-8反映了驱动问题"自行车的哪些设计与速度有关"的"内生"过程。学生只有不断经历这样的"内生"过程,才会拥有敏锐的数学眼光,并自觉地去洞察大千世界,从纷繁的表面现象中抽离出数学问题。

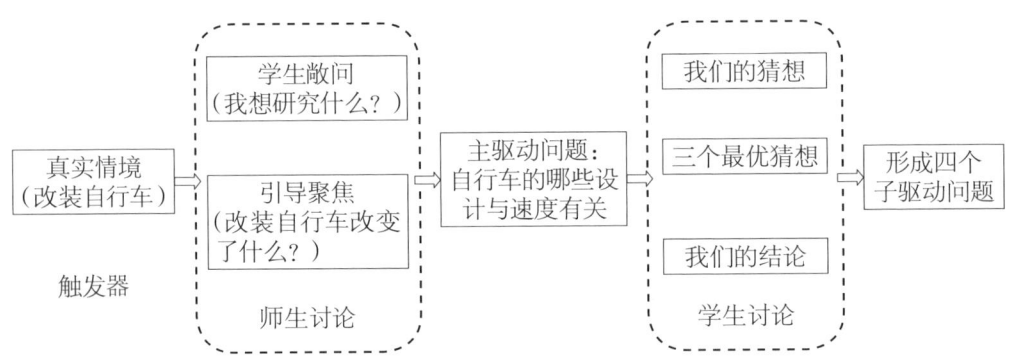

图6-10-8 "自行车的哪些设计与速度有关"驱动问题的"内生"过程

(二)探究过程变"形式"为"实质",促进数学方法的发展

综合与实践以自主探究为主要学习方式。在探究活动中,如果学生按照教师设计的探究路径一步一步走,那么学生仅仅是一个简单的操作工,而不是独立思考、研究的个体,无法很好地达成对研究过程的感悟,对数学思想方法的体会。同时,如果缺少指导的探究,学生就会无所适从,找不到研究的方向。因此,教师可以从数学问题探究的一般方法入手,找到普适的方法,给予学生指导。

"猜想—研究—结论"是学生解决数学问题的基本步骤。因此,教学中,教师要引导学生先各自进行猜想,然后讨论各自的猜想是否合理,是否指向需要解决的问题,接着根据猜想,开展计数、测量、计算、推理等一系列数学活动,从中感悟方法、提升能力,最后通过探究得到相关的数据,并进一步对这些数据进行分析、综合,逐步形成学习成果——数学结论或数学模型。

探究活动以学生为主体,学生在教师的引导和点拨下,经历科学检验的历程,在全方位的思维活动中达成数学思想方法的认知,发展数学眼光。

（三）学习评价变"单一"为"丰富"，促进综合能力的提升

教师要引导学生用数学的眼光审视本人和他人在学习过程中的表现，从提出问题、敢于猜想、探索研究、合作交流、达成目标等维度展开自我评价和相互评价。在自评和互评中，学生总结、梳理学习的全过程，推动综合能力的提升。例如在本节课的尾声，学生开展了如下的评价对话：

生1：我在一开始拿到研究问题时，有点不知道从哪个方面入手，经过小组讨论，我们提出了自己的猜想，所以第一点，我给自己打2分。

生2：我的同桌，他带领我们一起数前后齿轮数、测量车轮的半径，并计算出了比值、周长，最后求出了蹬一圈能够走多远，我给他每一项都打3分。

表6-10-2 "自行车的哪些设计与速度有关"评价量表				
标准	3分	2分	1分	得分
我（他）的猜想符合研究内容	完全符合	基本符合	有所涉及	
我（他）完成了"齿轮的设计与速度有什么关系？"研究任务	严谨高效	独立完成	需要帮助	
我（他）能分析数据，分享想法	思路清晰，表达准确	思路准确，表达一般	积极思考	
我（他）能理解"齿轮的设计与速度有什么关系？"	完全理解	基本理解	略有所悟	
课堂表现	我做到了专心倾听，勇敢表达，还发现了他人的优点	我做到了专心倾听，勇敢表达	我做到了专心倾听	
合计				

总之，综合与实践的教学，是引导学生用数学的眼光观察现实世界，从表面现象中抽象出数学问题并进行数学探究的重要渠道。让学生在实践中，养成从数学角度观察现实世界的意识与习惯，提升洞察力、论证力、创造力，就是在培育学生的核心素养，发展学生的数学眼光。

后 记

当书稿完成的那一刻,我不禁长舒了一口气,恍若"三宝"降生,既有卸下包袱的轻松,更仿佛有孩子到来的喜悦。出一本专著,记录教学路上的点滴所得,也算是挂在人生日历上的一件大事。

2018年6月,二宝果果降生,大小两宝给家里增添了无限的乐趣,但也把我时间的缝隙填得更满。别人都说:"你有两个娃,哪来的时间搞教学研究?"从这个角度看,我真有点佩服自己:虽家有两娃,但教学这"三宝"依然是心头所系。

2019年5月,教学研究成果面向省级展示,我上了研讨课"美妙的塔",同时对项目化学习的实践研究做了汇报。2021年5月,在"月湖之约·2021年沪浙中小学项目化学习研讨会"中,我展示了项目化学习案例"自行车的哪些设计与速度有关"一课。从项目化学习的研究,逐步提升为"因用而学"的数学教学理念,其间,我也有过迷茫与困惑。幸而,师父林良富老师用前瞻的目光引领我,以深厚的学术造诣指导我一步步提炼出"因用而学"的教学理念,并对基于"因用而学"理念的理论框架、实践路径等提出了方向性的指引。在与林老师的一次次促膝长谈中,理念渐渐完善起来了,实践渐渐丰厚起来了,最终形成完整的书稿。

当然,一切研究都需要丰沃的土壤,对我而言,那就是宁波市海曙中心小学的百年文化。我从"致知力行,体验成长"的文化内涵中汲取了养分,并在学科中进行了实践、提炼与提升。周汉斌校长全力为我搭建平台,创造有利条件,从而使我的数学教学研究顺利开展。

一个人的成长离不开身边的师长,他们给予我成长路上的种种动力。师父金莹老师总能给予我温柔又坚定的力量,时时关注着我的点滴进步,总在我感到迷茫

后 记

之时给予及时、准确的点拨。宁波市原教研员邱惠芬老师，她的身上散发着长者的智慧，在我每一次面临挑战时，她总有办法让我迎难而上。我们的教研员叶青老师，无论何时何地，都是与我并肩作战的战友。宋煜阳老师，他以自己深厚的学术功底和人格魅力影响着我。还有很多很多的师长，如陈霞芬老师、沈丹丹老师、张红波老师、郁红老师、陈亚明老师等，他们都是我人生路上的贵人。感恩帮助，那份温暖我将铭记于心。

学习永远是保持向上的动力源泉。成为特级教师带徒的学员，参加浙江省第二期高端班的研修，成为浙派名师、宁波市领军与拔尖人才培养对象，这些都是我成长的平台。与来自全省各地的优秀教师一起，研讨、碰撞、共进……我不仅得到了专业成长的养分，更收获了难能可贵的友情。

仔细回想，我是何时动了想要写一本书的念头的？估计是想给大宝呈现妈妈认真努力的一面，希望她也能朝着梦想的方向奔跑的时候。书中所呈现的理念、想法、案例都是我近五六年的实践成果。海曙中心小学的老师们和工作室的小伙伴们，和我一起开展研究，从教学实践中获得灵感、从专家理论中获得启迪。因此，特别感谢团队成员的共同努力，岑春丰、叶盈盈、周元丰、胡冬南、朱建群、王赛金等。还有宁波大学的林玉慈博士，总能在恰当的时候给予指点，一并表示感谢。

从事数学教育，并乐在其中，是我当初走向讲坛时的美好愿望。也希望自己能始终保有这份初心，探索在教学路上，永无止境！

道阻且长，行则将至；行而不辍，未来可期。谨以此言，献给不断前进的自己。

周静珠
2022 年 1 月